青少年励志丛书

《院士的故事》编写组◎编

STORIES OF ACADEMICIANS

院士的故事 2

西南交通大学出版社
成 都

图书在版编目（CIP）数据

院士的故事. 2 /《院士的故事》编写组编. —成都：西南交通大学出版社，2020.11
（青少年励志丛书）
ISBN 978-7-5643-7555-3

Ⅰ. ①院… Ⅱ. ①院… Ⅲ. ①院士 – 生平事迹 – 中国 – 青少年读物 Ⅳ. ①K826.1-49

中国版本图书馆 CIP 数据核字（2020）第 156658 号

青少年励志丛书
YUANSHI DE GUSHI 2
院士的故事 2
《院士的故事》编写组　编

出 版 人　王建琼
责任编辑　孟秀芝
封面设计　原创动力

出版发行　西南交通大学出版社
（四川省成都市二环路北一段 111 号
西南交通大学创新大厦 21 楼）
发行部电话　028-87600564　028-87600533
邮政编码　610031
网址　http://www.xnjdcbs.com
印刷　四川煤田地质制图印刷厂

成品尺寸　146 mm × 208 mm
印张　6.75
字数　108 千
版次　2020 年 11 月第 1 版
印次　2020 年 11 月第 1 次
书号　ISBN 978-7-5643-7555-3
定价　39.80 元

《院士的故事2》编委会

序

习近平总书记2018年5月28日在中国科学院第十九次院士大会、中国工程院第十四次院士大会上的讲话中指出，两院院士是国家的财富、人民的骄傲、民族的光荣，长期以来，一代又一代科学家怀着深厚的爱国主义情怀，凭借深厚的学术造诣、宽广的科学视角，为祖国和人民作出了彪炳史册的重大贡献。2020年9月11日在科学家座谈会上强调，科学成就离不开精神支撑，科学家精神是科技工作者在长期科学实践中积累的宝贵精神财富，要广泛宣传科技工作者勇于探索、献身科学的生动事迹。

两院院士之所以能够给祖国和人民做出重大贡献，其中一个重要因素是，他们大多在青少年时期受到过艰苦的磨炼或良好的教育，从小志存高远，脚踏实地，培养了刻苦钻研和勤奋好学的好思想，养成了好奇、好思、好问、好动的好习惯，为后来肩负重任、顽强拼博、勇于创新、成就辉煌打下了坚实的基础。榜样的力量是无穷的，两院院士的这些经历、这些故事是值得广大青少年学习借鉴的。

为贯彻落实党中央《关于培育和践行社会主义核心价值观的意见》关于“要从小抓起，从学校教育抓起”“坚持育人为本、德育为先”的精神，为传承两院院士爱国、创新、求实、奉献、协同、育人精神，激励广大青少年从小学科学、爱科学、用科学、崇尚科学，成为有思想、有情怀、有责任、有担当的社会主义建设者和接班人，成都市科协几位退休老干部和科普老作家，本着“讲好中国故事”的要求，克服不少困难，精心编撰了专门面向青少年的科普读物《院士的故事》丛书。它以“励志”为宗旨，以讲故事的形式，介绍众多院士成长、成才、成就的感人事迹，普及院士所从事的专业科普知识。全书图文并茂，生动活泼，通俗有趣，富有特色。

少年强则中国强，少年智则中国智。科技兴则民族兴，科技强则国家强。青少年是祖国的前途、民族的希望、创新的未来，我作为“两院”院士一分子，把这套丛书推荐给广大青少年朋友，希望你们从院士的故事中受到启迪和教育，学好基础知识，掌握科技本领，立志长大以后投身祖国现代化建设事业，用智慧和力量去实现青春梦想，为把我国建设成为世界科技强国、为实现中华民族伟大复兴的中国梦而奋斗终生。

中国科学院院士、成都市科学技术协会名誉主席

2020年9月21日

目录

CONGENTS

华夏脊梁

中国科学院院士、中国工程院院士

赵仁恺的故事

◎ 院士简介

赵仁恺

赵仁恺（1923.02.16—2010.07.29），汉族，江苏省南京市人。曾任中国第一代核潜艇核动力总设计师，参加和主持完成中国第一座军用钚生产反应堆的研究设计和试验，参加和主持中国第一代核潜艇核反应堆的研究设计及试验运行。曾获国家科学技术进步奖特等奖、一等奖等。

赵仁恺于1946年毕业于重庆国立中央大学机械系，历任核工业部原子能研究院室副主任，中国核动力研究设计院副院长兼总工程师，中国核工业集团公司科技委副主任、高级顾问，国家核安全局专家委员会副主席，国家863计划能源技术领域第二届专家委员会首席科学家等职务。1991年当选为中国科学院院士，1994年当选为中国工程院院士。

赵仁恺是国际著名的核动力专家，是中国核动力科学与工程技术研究设计的奠基人和开拓者之一，是推动中国核电发展的先行者。他一生热爱核科学事业，为中国核潜艇研制、实现海军装备现代化建设做出了巨大贡献。

1.1 赤子之心和陆上模式堆

“一天深夜，我们的核潜艇在海南岛以南海域巡航，我坐在核潜艇的舰桥顶上，舷外浪花在飞溅，海风拂面，我抬头遥望北方，祖国大地笼罩在夜色蒙蒙中。我想此时，辛苦了一天的祖国人民，为了迎接更加美好的明天，正在幸福中安心休息；嬉戏累了的幼

赵仁恺80岁生日照片

中国第一代核潜艇

儿，正在母亲温暖的怀抱中甜甜地睡去——祖国一片宁静安详。我心中不由地暗暗说道：‘祝福您，我的祖国！我们的核潜艇正在保卫您，正在保卫祖国的繁荣富强和人民的幸福安康！为了您，我们愿意付出一切，再苦、再累，也值得！’”

这段满含深情的话语，是我们这篇故事的主人翁赵仁恺院士在他常年携带的笔记本中记述的一段话。

核潜艇是当今世界海洋强国的国之重器，目前仅美国、俄罗斯、英国、法国和中国拥有。核潜艇被称为水中蛟龙、镇海神器，是振军威、扬国威的伟大工程，是极具重要战略意义的尖端武器。核动力装置是核潜艇的“心脏”，是保证核潜艇长期航行的关键装置。而要在核潜艇上安装核动力装置，必须先在陆地上研制与核潜艇上实际应用完全一样的核动力装置——陆上模式堆。陆上模式堆的形状、大小、结构、燃料、费用和各式各样的零部件，以及研制成功以后的试运行，都必须同日后在核潜艇上实际应用的

赵仁恺在核潜艇前

核动力装置一模一样。这是因为，其研制过程需要经过大量的实验，以取得完整的运行数据。若不这样，核潜艇的海上运行安全就得不到保证。国际上核潜艇曾发生过3次致命的事故，主要包括失去动力、着火、生命供氧系统失效。

提起第一代核潜艇陆上模式堆总设计师赵仁恺，中国核动力研究设计院（以下简称中核院）的新老员工，没有一个不敬重和佩服的。因为赵仁恺当年不仅是中核院副院长兼总工程师，还是两院院士，荣获了国家级、省部级多项奖励。他不仅功勋卓著、名扬中外，而且作风朴实、待人诚恳、乐于助人，对谁都是笑眯眯的。中核院人都不称他官衔，同辈人称他“赵总”，中青年称他“赵老总”，在陌生人面前，他则是一位衣着朴素、态度谦和、从来不摆架子的老者。

1.2 就读知名学校，接受良好教育

1923年2月16日，赵仁恺出生在南京赵氏家族中，当时重男轻女现象无论在城市还是农村都比较普遍，更何况赵仁恺的妈妈何敏贞，在生赵仁恺之前，已经生了三个女儿。正在就读北平高等警官学校的赵

小学时期的赵仁恺

1941年赵仁恺在江津国立九中

仁恺父亲赵镜泉，也盼望妻子这第四胎能给他生一个儿子，因为他们的族规规定，女孩是不能继承家产的。当何敏贞即将临产时，全家老少都默默地祝愿着：但愿生个儿子啊！

终于，盼子心切的何敏贞，真的第四胎生下了儿子赵仁恺。当产婆捧着一个新生婴儿说“是个男孩”

时，全家老少那欢喜劲，别提有多热烈了。

随后，何敏贞又为赵家生下了一儿一女。这样，赵仁恺便有三个姐姐、一个弟弟、一个妹妹，一家共六个孩子了。

1926年，刚毕业回到家中的赵镜泉，突染重病，不治身亡。留下年仅26岁的妻子何敏贞，带着6个儿女，苦不堪言。俗话说：男人是家中的顶梁柱。一旦顶梁柱倒了，留下的妻子儿女便要遭罪了。

坚强而能干的何敏贞，在丈夫去世后，誓不改嫁，决心将六个儿女养大成人，以告慰九泉之下的丈夫。在她的据理力争下，她从赵氏家族中分到了一家小旅馆，决心以此安身立命，养大六个儿女。

何敏贞是个很有见地的母亲，她对多子女的教育采取因材施教、有所侧重的培养方法。她觉得在六个儿女中，赵仁恺虽然贪玩调皮，但天资聪明、头脑灵活，是值得重点培养的孩子。她吸取古代“孟母三迁”成就“亚圣”（在古代，孟子被尊称为亚圣）的故事经验，于1929年9月，求亲托友，将赵仁恺送进了当年在南京城小有名气的南京实验小学就读。由于赵仁恺勤奋好学，头脑聪明，读小学高年级时，他随姐姐们去私塾学了《大学》《中庸》等国学经典，初步打下了“立身为公，立德为民”的思想烙印。

读初中时，赵仁恺的母亲给他挑选了“教学精，数钟英”的私立中学——钟英中学，知名学者赵元任、卢前、唐圭璋等，都在这所中学任过教。1937年，全南京中学毕业会考时，钟英中学名列第一。这所学校由于理化、生物教学设施齐备，校风严谨，为赵仁恺在数理化知识方面打下了良好基础。在母亲何敏贞的操劳下，赵仁恺的三个姐姐读完了高中，两个弟妹同他一样，都拿到了大学文凭。由此可见，赵仁恺母亲何敏贞很了不起，堪称女中豪杰！

1.3 亲历流亡苦难，辗转来到四川

赵仁恺比较安定的生活，在他刚满14岁的时候结束了。1937年7月7日，日本侵略者制造了震惊中外的卢沟桥事变，暴露了企图全面侵华的野心。这年11月上海沦陷，南京危在旦夕。南京国民政府准备撤离到重庆，许多商贾市民，也纷纷逃离南京。依靠开小旅馆维持一家七口生计的何敏贞，十分焦急，不知如何是好。留下吧，日本侵略者打来，别说小旅馆开不下去，恐怕一家七口的性命也难保；逃亡吧，路在何方？哪里有安身之地？思来想去，还是保命要紧，走

为上策。于是，她关闭小旅馆，收拾行李，带着尚未成年的六个子女，跟随南京逃难的市民，开始了为期一年多的“流亡”生涯。

坚强而有预见的何敏贞，临行时对六个儿女说：这一出去，一家七口能在一起最好；万一分散，老大老二和仁恺一定要在一起，听从老大指挥，三人彼此关照。我带着老三与两个弟妹一起逃难，约定一个地点全家汇合。她还将开旅馆积下的钱缝进赵仁恺棉衣里，以备急难时用。

就在何敏贞拖儿带女逃出南京不久，日本侵略者于1937年12月攻占了南京，开始了对无辜百姓的震惊世界的大屠杀，死者多达30万人！何敏贞拖儿带女逃出了南京，这是不幸中的万幸，如果何敏贞不带着六个子女逃离，也许这一家便成了日本侵略者刀下的冤魂！

逃难，特别是遭受日本侵略时的逃难，那是十分凄惨与惊恐的日子。不但很难得到救助，随时还要准备躲避日本侵略者的屠杀与轰炸，可谓死里逃生。

赵仁恺一家逃出南京落脚的第一站，是安徽省当涂县。停下没几天，当涂就拉响了警报。何敏贞只好又带着六个孩子辗转蚌埠与徐州，然而徐州也不是久留之地。何敏贞想一家七口在一起，目标大，不安全，不如分成两拨逃难方便些。好在赵仁恺和他的三个姐姐，离开南京时，都领有流亡学生证，凭此证，坐火车、汽车都可以免票。何敏贞让两个姐姐带着赵仁恺去爬火车或汽车；她便带着另外三个孩子逃难，两拨人相约在武汉市难民收容所汇合。

赵仁恺与两个姐姐爬火车、拦汽车，一路十分艰辛，加之背包又被一帮逃难的人抢去。历经无数波折，姐弟仨终于先期逃到了武汉市难民收容所。于是三人每天都要去车站、码头寻找母亲和弟妹，有时由于回难民所晚了，连一碗稀饭也吃不上。实在饿慌了，赵仁恺只得将母亲缝在他棉衣里的钱掏出来，买点东西供三人充饥。

“吉人自有天相，善人自有天助。”等到第六天的下午，三姐弟终于等到了十分疲劳的母亲与弟妹，一家七口抱头痛哭。

赵仁恺一家七口在武汉市难民收容所汇合时，正值武汉国民政府组织抗日干部培训班。何敏贞想，大的三个女儿也有十六七岁了，长相好，又都有高初中文化水平，正好可为抗日出把力，在征得三个女儿同意后，何敏贞就将她们送进了抗日干部培训班，并嘱咐她们要互相关照，学会独立生活。

武汉也并不安宁，很快日军逼近武汉。何敏贞以“抗属”的身份，带着赵仁恺与两个小儿女，跟随文教系统的百余人船队，逃往四川。武汉到重庆那是逆江而上啊！船要靠船夫拉着走。船行两天，快到宜昌时，船队遭到日本飞机的轰炸。赵仁恺他们后面的一条船被炸得四分五裂，船上百余人几乎全部丧生，鲜血染红了江面，惨不忍睹。

目睹沉船灾难的何敏贞，再也不敢带着三个孩子坐船了，决定徒步入川。与他们同行的文人们，见到一个弱不禁风的中年妇女都敢带着三个孩子步行，便纷纷弃船徒步。“蜀道难，难于上青天”这句诗，连十四五岁的赵仁恺都会背诵，哪个文化人不知道步行入川的艰难？他们想，饿死累死总比被日本的飞机炸死在江中强啊！

在跋山涉水时，何敏贞给赵仁恺及弟妹们讲赵子龙大战长坂坡、岳家军英勇抗击金兵入侵的故事，以鼓励孩子们不怕苦累的勇气。同行的叔叔阿姨们，也用唱歌、说笑话，鼓励赵仁恺及弟妹，体现出难民们患难与共、同仇敌忾的家国情怀。

逃难的人群在入川几个月的艰难行进中，脚起泡，腿扭伤，掉进山沟的事，几乎人人都经历过。沿途村庄也有许多善良人家，送红苕、玉米，施粥送饭。经过一年多的艰难跋涉，赵仁恺母子四人，终于到达四川的江津县城（现重庆市江津区）。

1.4 慈母寄予厚望，孝子勤奋攻读

经过一年多的逃难之苦，赵仁恺更深刻地感受到母亲何敏贞对他们六姐弟无微不至的关爱。其中，母亲似乎对他寄予更大的期望。特别是先后进入江津国立九中与重庆国立中央大学，能免费读书时，赵仁恺深知，国家既要养兵对日作战，又要花钱培养人才，太不容易了！将来我不仅要报母亲的养育之恩，还要报国家的培养之恩。

在江津国立九中读高中那三年，条件十分艰苦，上课在破庙，就餐在老师学生自己搭建的草棚里，常常三餐都是稀饭。有时买不回来粮食，一天只能吃两餐。战乱年月，一个小县城哪里有电灯，桐油灯还是四个人共用一盏。

当年的江津国立九中，设立初中、高中、中师与女中4个分部。校长邓季宣是我国“两弹元勋”邓稼先的四叔，而邓稼先也曾在这所学校上学。现在的江津国立九中仍然把他们作为学生学习的榜样。邓校长制定的校训是：“教学救国，读书报国！”学生们也喊出了“读书不忘抗日救国，救国必须努力读书”的口号。一个个不怕困难，忍受饥饿，刻苦读书。赵仁恺的学习成绩更是出类拔萃，年年优秀。

那时的江津国立九中，因为离国民政府的陪都重庆很近，也并不安宁，经常要“跑警报”，逃避日本飞机的轰炸，这也激发了赵仁恺他们一帮学生对日本侵略者的刻骨仇恨。

经过三年的刻苦学习，1942年7月，赵仁恺在江津国立九中毕业了。同年，成绩优异的赵仁恺同时考上了位于重庆的国立中央大学与上海交通大学。前者不交伙食费学费，后者则全部自费。赵仁恺考虑到两个弟妹读书要花钱，如果他去读自费的上海交通大学，母亲即便累弯了腰，也供不起三个孩子读书。他选择了一切由国家供给的国立中央大学。

重庆国立中央大学是民国时期科系最齐全、教学设施最完善、师资力量最强的一所综合性大学。这所大学的校训是：“嚼得菜根，做得大事。”1937年该校由南京迁到重庆沙坪坝松林坡。因为是免费招收学生，到1942年赵仁恺进校时，学生将近四千人。这在当年来说，规模可谓大矣。

别看堂堂重庆国立中央大学，招牌响亮，所招学生，无论是从四川本地招收的学生，还是从各地流亡到重庆的学生，衣着光鲜体面的没有几个。当年学校还

赵仁恺大学毕业的照片

流传着“顶天立地”“空前绝后”两句笑话。“顶天立地”，形容学生们下雨没雨伞，光头赤脚地在校园行走；“空前绝后”，形容一些学生，裤子的膝盖与屁股处磨破了，也没有好裤子更换。学生家境如此贫穷，还坚持读大学，太不容易了！同学们的志向是：“身着破衣裳，胸有凌云志，走出大学门，定能干大事！”赵仁恺就是这群胸怀远大志向的青年俊杰中的一员。

1.5 步入神秘世界，开创核工事业

赵仁恺在重庆国立中央大学读书的四年间，除躲避日机轰炸疏散外，很少外出。当时学校开设的课程，都是重在基础、贵在实用，包括数学、物理、化学、机械、材料、结构力学等。学生们读书的自觉性很高，从来没有迟到早退与无故缺课的。若遇名师讲课，学生们总是提前到教室，课前半小时教室已座无虚席，迟来的站着听也愿意。这所大学从南京迁往重庆八年，培养出了四千多名学生，后来大部分成了国家的栋梁之材，像赵仁恺这样的顶尖科学家，也有十多位。

1946年7月，赵仁恺在重庆国立中央大学机械系毕业，回到南京后，考入当时中国著名的民族企业永利宁化工厂，在厂里工作了九年，实现了从学生到工程师的转变，成为出色的工程师和工厂设施科科长。这为他后来到核工业部门工作，打下了坚实的工程技术基础。

是金子总会发光的，优秀人才哪儿都需要。中华人民共和国成立初期，赵仁恺被调到北京，先在化工

部化工设计院工作，并在那里入了党，成为工人阶级先锋队的一员。1955年3月，赵仁恺从化工部调往二机部，与核动力事业结缘。自此，赵仁恺为这一事业奉献了一生。

当年的二机部原子能研究所，可谓人才荟萃、精英云集：钱三强、王淦昌、彭桓武、朱光亚、何泽慧、戴传曾、黄祖洽、李林等中国核科学专家，汇聚一堂。在北京燕山脚下一所神秘的建筑里，开展着前无古人的核科学研究工作，而赵仁恺便是其中的一员。跻身于知名专家群体中的赵仁恺，将压力变为动力，通过“看、问、学、听、做”，渐渐入门开窍，进而得心应手，成为内行。

研制核动力潜艇，原先苏联是答应给予帮助的。后来苏联领导人赫鲁晓夫提出帮助可以，但要同苏联搞联合舰队，即由苏联操控核潜艇的运作指挥权。毛泽东主席一听，火了，说：“核潜艇，一万年也要搞出来！”赵仁恺和他的同事们，也深刻地感悟到：任何尖端科学，都是讨不到、买不来的，必须自己研制，才不会受制于人！大家铆足了劲，一定要为祖国争光，为毛主席争光，早日建成中国的核潜艇。

核潜艇主要由四大部分组成：潜艇艇体，核动力装置，武器，电子探测。其中，核动力装置是研究的重

赵仁恺使用过的计算尺

中之重。核潜艇核动力装置的研究工作开始于1958年9月，保密等级为绝密，有18人参加，赵仁恺任组长。

当年研制核潜艇陆上模式堆的中核院峨眉山基地，是人们习惯上叫的“909基地”。为什么叫909基地？因为它是由从事核科学的194研究所与715研究所组建而成的研究设计院，194+715=909，故称909基地。当时这个基地横跨夹江、峨眉两县。队伍刚进驻时，此地乃是荒草遍野、蛇虫出没的山洼之地。中核院人刚刚到达时，住的是简易工棚，喝的是稻田泥浆水，走的是山野间的羊肠小道。唯一能为他们寂寞生活增添点儿乐趣的，只有那白日的鸟鸣与夜间的蛙声。

随遇而安的赵仁恺来到工地后，便肩负起了潜艇模式堆的副总工程师兼设计队队长的重任。他与同时担任副总工程师的彭士禄（著名核科学家、中国工程院院士）一起，全面负责模式堆的设计建造工作。

为了早日研制出核潜艇，赵仁恺和他的同事们，以简陋的工棚当设计室，以夜里睡觉的床铺板做设计台，以煤油灯照明，以手拉计算尺计算数据。他们便在如此带有原始野味儿的环境里，克服重重困难，开始了核动力技术的探索与攻关，孕育着中国第一代核潜艇的诞生。

肩负着如此重荷的赵仁恺和他的同事们，在吃住上总该“特殊”一点吧！可在物资短缺、一切凭票供应的年月，这里的人们只能享受每人每月半斤肉、半斤菜籽油的定量供应。晚上常常加班至深夜一两点的赵仁恺和他的同事们，能够得到一碗白水面条，或是一个馒头加上一碗稀饭，安慰一下那辘辘绞动的饥肠，就算是最高享受了。那时也有一些年轻的科技人员，嘴馋得实在不行了，便偷偷钻到驻地附近的小面馆，吃上一两碗又麻又辣的小面解馋。可我们的赵仁恺，从来没去享受过。

工作的重负和辛劳，那是不待说的了。倘若晚上能美美地睡它三五个小时，那也好啊！可是不行，这里的蚊子又多又大，其“嗡嗡嗡”的叫声，很容易使

赵仁恺在莫斯科大学主楼前

赵仁恺和苏联专家合影

人心烦意乱。同时，由于峨眉山地区雨水多，气候潮湿，赵仁恺他们居住的草棚，便成了各种蛇类、蛙类的栖身之所。有时，那花花绿绿的菜花蛇会钻进被窝与你同席共枕，小青蛙、癞蛤蟆会跳到你的鞋里酣然入梦。每当遇到这些不速之客光临草棚时，他们总会吓得大呼小叫、手忙脚乱起来。对此情景，那时一些年轻人便编了一段顺口溜：

峨眉山麓有三怪：三个蚊子炒盘菜；
青蛙与你争鞋带；花蛇跟你共被盖。
女士惊得吓掉魂，男士慌忙跳窗外。
一夜美梦全惊醒，大家起床灭虫害。

住在简易棚房里的科技人员，若碰上雨天，更加遭罪。那稻草盖成的棚房是大雨大漏，小雨小漏；天上不下雨了，房顶上的水还会嘀嗒响个不停。房上漏下那黑黄色的水，落在被子床单上，远比那世界地图还花哨。有时下暴雨，山坡上的洪水会直接涌进屋里，把你放在床下的拖鞋、脸盆什么的，漂得满屋都是。面对这种情景，赵仁恺与同事们常常是经过一番“抢险救灾”后，便又投入紧张的工作。

好在赵仁恺当年四十刚冒头，身强力壮。他的助手们又大都比他年轻，刚刚迈出大学校门，踏上科研工作岗位。那时搞核潜艇的这批知识分子，不仅有一种以苦为乐、以苦为荣的精神，而且还有一种献身国防、保卫海疆的豪迈气概。在那些动乱的年月，在赵仁恺这支科研设计队伍里，不仅没出现贪图享乐害怕艰苦的逃兵，而且个个都是很棒的战士。

在研究设计工作中，唯一有利的条件是，1958年1月至8月，赵仁恺曾赴苏联列宁格勒参加一座核反应堆的设计工作。回国后，在我国老一辈核科技专家钱三强、彭桓武等的指导和帮助下，他已对核潜艇动力装置的一些重大关键技术问题做过研究探讨，诸如堆型选择、主参数确定、堆芯结构选型以及流量与温差的选择等。也正是由于赵仁恺具备了这样一些优势条件，他才成了二机部党组点将搞核潜艇核动力装置的专家。

1960年6月，赵仁恺牵头的小组提出了第一个核潜艇核动力装置设计方案，为今后的研究设计工作打下了基础。

当年研制成功核潜艇，并非仅是几千人的中核院人的功劳，还得益于全国军民的大协作支援。“文化大革命”爆发后，全国各地的许多工厂和研究所停产，各级领导干部和技术专家被批斗，研制核潜艇所需技术、设备、仪器、仪表等需要全国上千个单位的协调配合，在这样的困难条件下，中央军委下发了一份毛泽东主席签署的“特别公函”，要求任何单位、个人不得以任何理由影响核潜艇研制工作。这把“尚方宝剑”为核潜艇工程的组织与实施提供了有力保障。核潜艇有1万多个零部件，是全国26个省市2500多个厂家加工完成的。开山建设厂房，动员了8万多军民，日夜奋战。那样的气势，那样的大协作，当年参加核潜艇建造的中核院人，现在回想起来，讲起来，仍然很激动、很自豪！

在陆上模式堆最后试验的两三个月里，赵仁恺经常夜以继日地干，没有睡过一个完整的觉，他紧张得心快提到嗓子眼了，成败在此一举啊！这是一场抢时间、争进度的硬仗。1965年夏天开始选点，1970年4月18日，胜利完成核潜艇陆上模式堆安装工作，5月1日开始试车，7月17日凌晨两点完成反应堆提升功率试验，7月30日达到满功率运行，这标志着我国核潜艇陆上模式堆已经胜利建成。

在那段高度紧张的工作日子里，不仅二机部、国防科委的领导牵肠挂肚，就连日理万机的周恩来总理，也是守在电话机旁，关注着核潜艇陆上模式堆的成功信息。当听到模式堆达到满功率运行时，他激动地说：“你们辛苦了！我代表党中央、国务院，祝贺

赵仁恺工作过的404核潜艇

你们的成功！你们是开创中国核动力事业的大功臣！在中国军功史上会给你们记上一笔的。”

听到周总理的祝贺与评价，全场员工激动得热泪盈眶，互相拥抱，彼此祝贺，争先恐后地与赵仁恺握手。

我国第一艘核潜艇的建造，与核潜艇陆上模式堆的建造，几乎是同步进行的。模式堆建成一年后，1971年9月，由中国人自行设计建造的第一艘核潜

第一代核潜艇四位总工程师合影（左起：赵仁恺、彭士禄、黄纬禄、黄旭华）

赵仁恺（左二）参加潜射导弹试验

赵仁恺（右二）参加深潜全航速试验归来

艇，便从我国某海域的船台上，顺利驶向大海。这标志着我国核潜艇建造成功。这一成功，使中国成为继美、苏、英、法四国之后，世界上第五个拥有核潜艇的国家。

1974年8月1日中国人民解放军建军节，中国某海湾在金色的阳光照耀下，湛蓝色的海面翻滚着层层浪涛。这是一个异乎寻常的庄严而又神圣的时刻：中国第一艘核潜艇，将在此时此刻接受海军司令员萧劲光大将的检阅，并正式交付海军服役。毛主席“核潜艇，一万年也要搞出来”的愿望实现了。

隆重的“服役”庆典在雄壮的军乐声中开始了。在科技人员与海军官兵们的热烈欢呼声中，鲜艳的五星红旗在那条蓝灰色“钢铁长鲸”的舰桥上冉冉升起。站在舰桥五星红旗下的几个人中，除了潜艇支队司令员、潜艇艇长等几位海军高级军官外，那位年满51岁，微微谢顶，唯一身着便服的，便是为了建造成功核潜艇而呕心沥血20多年的赵仁恺。这位生于金陵，长于山城，历经坎坷磨难的硬汉子，此时不由自主地流下了兴奋而又激动的眼泪。

为了表彰赵仁恺和他的同事们研制核潜艇的功绩，1985年，国务院为赵仁恺、彭士禄、黄旭华等11人颁发了国家科技进步奖特等奖。

1.6 优秀品德留后世，碧海丹心护蓝海

赵仁恺不仅是科学大家还是工程巨匠，他身上展现出许多优秀品质，堪称时代楷模。

好学上进，勤钻善思

赵仁恺参加工作以后，养成了记笔记的习惯，直到他生命的最后一息仍在记笔记，笔记数量达数百本。这种学而时习之的习惯、长期深入思考的锻炼，使他养成了严谨的科学思维，积淀了深厚的科学素养。他紧跟时代发展，虽已年过古稀之年，却从不服老。作为两院院士的他，虽然配有专职工作秘书，但为赶上时代发展的步伐，不仅主动参加培训、购买资料，自学计算机知识，掌握了打字录入、上网检索等技能，而且还把计算机拆卸开来，仔细研究其内部构造，研究了解以后，又凭记忆把计算机组装起来。

真诚待人，关心同事

赵仁恺为人处世备受称道，无论是对领导、同事，还是对自己身边的工作人员，赵仁恺都是真诚相

待，不摆架子，不打官腔，不说空话，别人的困难他总是挂在心上，因此被称为“平民科学家”。他为人温和、真诚和善，尽管无暇顾及自己的家人，但他却把自己的同事当亲人，把年轻人当作自己的孩子。赵仁恺在中国核工业总公司工作期间的秘书张雅丽，搬家后和他住在一个小区，当张雅丽得知自己与赵仁恺在同一个小区，准备去拜望赵仁恺时，赵仁恺却和夫人杨静溶先行去看望她。赵仁恺当时脚踝患有疾病，走路极为不便，他自己住在一层，而张雅丽住在六层，他却坚持忍着病痛前来看望，让张雅丽一家和知道此事的人都感慨不已。而赵仁恺却说张雅丽平时给予他的帮助很多，是他的老师，并风趣地说：“学生应该主动看望老师。”

相濡以沫，夫妻情深

赵仁恺工作特殊，属于绝密性质，出于保密工作的需要，赵仁恺既不能吐露工作上的任何内容，也不能告诉妻子自己的去向。赵仁恺长期在外，家庭的重担完全交给了妻子杨静溶。杨静溶一个人既要照顾赵仁恺母亲的饮食起居，又带着3个孩子，一个人撑起了这个家。1976年以后，由于模式堆研制任务繁重，时间紧迫，夫妻二人更是长达20余年分居两地。虽然他

赵仁恺在工作现场

俩并不像其他夫妻一样长相厮守，但两人感情极好，生活习惯极为默契。2008年杨静溶因病去世，给赵仁恺造成极大的打击，带来巨大的悲痛。

1.7 留下别样遗嘱，受到隆重追悼

2010年7月29日赵仁恺院士不幸病逝，国防科委、核工业总公司、海军为他举行了隆重的追悼会，

赵仁恺出席有关会议

中央政治局常委习近平、李克强、汪洋、赵乐际，江泽民、胡锦涛以及温家宝、李鹏、朱镕基等党和国家主要领导人都送了花圈。原总装备部、海军、中船重工、中国科学院、中国工程院有关领导参加了告别仪式或送了花圈。中核院的党政领导也参加了追悼会。对此，赵仁恺的子女们十分感动。

赵仁恺临终前给子女留下的遗言，既不是家财如何分配，也不是对子孙辈如何教养的嘱托，而是让他们不要放哀乐，要放《大刀进行曲》。歌词大意是：大刀向鬼子们的头上砍去，全国爱国的同胞们，抗战

的一天来到了，抗战的一天来到了，前面有工农的子弟兵，后面有全国的老百姓，咱们军民团结勇敢前进……

赵仁恺对子女们说，为什么不让你们给我放哀乐？因为我这一生已经很满足很幸运了！没有什么需要你们哀伤的。改革开放后，全国人民已经从温饱奔向了小康，你们姐弟三人，都上过大学，都有稳定的工作，应该说也是衣食无忧了吧。为什么我要让你们放这首《大刀进行曲》？因为我在青少年时期，亲眼目睹了日本侵略者入侵给我国人民造成的家破人亡的惨景！“位卑未敢忘忧国”，希望你们一定要切记，在平凡的岗位上尽职尽责，为国家与人民做出你们应有的贡献。

1.8 核艇守护神，平凡科学家

赵仁恺的一生既平凡又伟大，他是中国第一代核潜艇安全的守护神。赵仁恺从1956年开始投身于中国核动力事业，并为之奋斗一生、辉煌一生，为核动力事业忙碌了54年，是我国当之无愧的核动力事业的主要奠基者和开拓者。

赵仁恺在办公室

幼年时经历痛苦和磨难。他学会了感恩和善待他人，懂得了知识就是力量，逆境中要奋发图强，培养了科学精神，坚定了报国情怀。

青年时经历波折和锻炼。他形成了勤勉忘我的工作作风、严谨细致的工作态度、反复求证的科学精神、积极向上的政治觉悟、把握总体关注细节的管理能力。

壮年时经历苦痛和考验。他长期与妻儿分居两地，在当时的艰苦环境下临危不乱，坚守岗位不下火线，实现了中国首个核动力装置并网发电满功率运转；他用生命为核潜艇发展保驾护航，被称为“核潜艇的守护神”；他积极推动民用核电利用，勇于创新，敢于负责，是我国核电发展的先行者，为核电事业做出了开拓性贡献。

老年时经历荣光和再奉献。68岁、71岁时他先后当选中国科学院院士、中国工程院院士，成为核能领域的顶级专家。退居二线后他仍然心系核潜艇和民用核能事业，继续为祖国的国防和现代化建设做贡献。

最后，我们把一首《卫国护疆大功臣》的诗，献给赵仁恺院士，并作为本文结束语：

中年研制核潜艇，白首效命核安全。
一生为核做奉献，卫国护疆大功臣！

赵仁恺在会上发言

◎赵仁恺的座右铭

只有立志于行，坚忍不拔，艰苦奋斗，

才能创造一个有价值的人生。

剑舞苍穹

中国工程院院士宋文骢的故事

◎ 院士简介

宋文骢

宋文骢（1930.03.26—2016.03.22），男，汉族，生于云南省昆明市，原籍云南省大理市。1960年7月，毕业于哈尔滨军事工程学院。2003年，当选中国工程院院士。2010年，当选感动中国2009年度人物。曾获国家科技进步奖特等奖、何梁何利基金科学与技术进步奖、航空报国金奖、航空航天月桂奖终身奉献奖。曾任中国航空工业成都飞机设计研究所总设计师、首席专家、自然科学研究员。是中国著名的歼-10战斗机总设计师，被誉为中国“歼-10之父”。

宋文骢是我国著名的飞机设计师、杰出的航空科技工作者，先后担任国家重点型号歼-7C飞机和歼-10飞机的总设计师，是我国歼击机设计战术技术论证、气动布局专业的创始人之一，是先进气动布局设计技术的开拓者，为我国国防武器装备现代化发展做出了重大贡献。

1.1 关于歼击机和歼-10战斗机

什么是歼击机？歼击机在空战中的地位与作用

歼击机又称战斗机，主要装备各类先进的空对空导弹武器，用于夺取战区制空权和国土防空作战。现代战争，没有制空权就没有战争的主动权，没有制空权就没有国家安全。歼击机是航空科技最高水平的体现，是空战中的关键力量和“杀手锏”武器。歼击机是国家军事力量的重要组成部分，是航空装备中的核心力量。

歼-10起飞雄姿

几代歼击机之间的区别

歼击机自20世纪40年代进入喷气时代以后，根据气动布局特征，以及发动机、武器和航空电子设备的发展，一共划分为五代（美国标准）。

第一代战斗机出现在20世纪40年代到50年代初期，主要以装备涡喷发动机和后掠翼为主要特征，飞行速度接近音速，主要武器仍然为航炮，主要采用视距内空战。主要代表机型为美国的F-86、苏联的米格-15，我国的歼-5歼击机也属于第一代战斗机。

第二代战斗机出现在20世纪50年代中期，主要以大后掠机翼或三角翼为特征，采用“面积律”修形，装备加大推力的涡喷发动机，实现了超音速飞行，配备第一代红外空对空导弹，实现了导弹武器与战斗机的结合。主要代表机型为美国的F-104、苏联的米格-19，我国的歼-6歼击机属于这一代。

第三代战斗机出现在20世纪60年代，主要追求高空高速特性，出现了变后掠机翼战斗机，飞行速度达到音速的2倍，最快可达音速的2.5倍，同时装备了第一代中距雷达制导导弹，拥有第一代机载雷达，具备了超视距空战能力。主要代表机型为美国的F-4、F-111，苏联的米格-21、米格-23、米格-25，法国的幻影3，我国的歼-7、歼-8歼击机属于这一代。

第四代战斗机出现在20世纪70年代，在保持高速特性的同时，更加强调战斗机的机动性能。这一代战斗机普遍采用边条翼、鸭式布局等先进气动布局，以及大推力、高经济型的涡扇发动机，采用70年代发展起来的电传飞行控制系统，装备先进的中远距空对空导弹，使用综合航电系统和多普勒雷达，其作战能力相对于第三代战斗机大幅提高，并具有良好的飞机平台改进性能，是目前国际上现役战斗机的主力。主要代表机型为美国的F-15、F-16、F-18，苏联的苏-27、米格-29，欧洲的EF2000，法国的幻影

2000、阵风，我国的歼-10飞机属于这一代。

第五代战斗机出现在2000年前后，是目前战斗机技术水平的最高体现，主要特征是具备隐身能力（低RCS雷达信号）、超音速巡航、过失速机动和智能化航电系统。装备内埋空对空导弹，采用主动相控阵雷达、高推重比涡扇发动机，具备隐身、超音速突防和过失速机动能力，能进行超视距空战、网络中心智能作战。主要代表机型为美国的F-22、F-35，俄罗斯的T-50，我国的歼-20飞机属于这一代。目前正式服役的有美国的F-22战斗机和我国的歼-20战斗机。

战斗机的每一次跨代，都代表着航空科学技术的巨大进步与发展，代表了一个国家工业尖端技术和制造能力的最高水平。目前国际上具备独立研制和生产先进战斗机的只有美国、俄罗斯、欧洲和中国。它是一个国家或地区综合国力与军事技术水平的集中体现。

中国歼-10飞机取得的成就，在世界上处于什么水平？

歼-10飞机是国务院、中央军委批准立项的国家重点型号工程，为国家重大专项任务。该项目属航空技术领域，并涉及电子信息、材料冶金、机械制造、兵器、航天等领域。

歼-10飞机为单座单发、鸭式布局、腹部进气结构，是我国自主研制的具有自主知识产权的多用途、全天候歼击机，中、低空机动作战性能突出，超音速作战、对地攻击能力强，作战半径大，具有空中受油、多种武器配置、超视距攻击、短距起降等能力，可适应21世纪初的电子战环境，人机工效好，寿命长、可靠性高、维修性好、生存力强、保障资源配套完整先进，其综合作战效能优于美国F-16，达到国际第四代先进战斗机水平，是中国空军能与当今国际先进战机相抗衡的机种。

歼-10飞机的研制成功，实现了航空工业的跨越式发展，对我国空军武器装备现代化具有重大意义。党和国家领导人高度评价歼-10飞机：取得了巨大的技术突破，是我们的杀手锏之一。歼-10飞机的技术成果已广泛应用于我国航空武器装备研制，并对我国下一代战斗机的发展起了重要作用。

本文要讲述的歼-10战斗机之父、中国工程院院士宋文骢，是中国航空界一位杰出的飞机设计大师，为中国第二代、第三代战斗机，特别是第四代战斗机的诞生，做出了不可磨灭的贡献。宋文骢深知强国必须强军，强军必须要有先进的武器装备，他一生致力于先进战斗机的研制工作，取得了举世瞩目的成就，为我国的国防事业做出了重大贡献。宋文骢这辈子是如何同飞机结下不解之缘的呢？这或许与他童年在故乡的遭遇有关。

1.2 从小深知亡国恨，立志长大造战机

“从小不立宏图志，一生难有大出息！”这不仅是中国自古以来的名家名言，同时也应该是青少年立志成才的真理。

一个人高远志向的树立，既可以来自名家大师之励志话语、父辈亲友们的殷殷嘱托，也可来自反面事件的警示与激发。宋文骢研制新型战斗机之决心志向，便是源于抗日战争时期日本侵略者对中国的狂轰滥炸！

1930年3月，宋文骢出生于云南省昆明市。1931年“九一八”事变爆发，日本侵略者侵占了我国东三省。1937年7月7日，卢沟桥事变爆发，日本侵略者随之占领了我国华北、华东，继而攻占了南京、武汉，迫使国民政府从南京迁往重庆。日本对边远贫困的桂滇川黔也经常派飞机集群结队地轰炸。据宋文骢回忆，沦陷区的老百姓，扶老携幼，成群结队地逃往内

地。难民、伤兵、乞丐，死亡、恐惧、饥饿，充斥着昆明这座古城。当时，中国也有飞机，但数量少而陈旧，打不过人家。中国也有高炮，但很难把敌人的飞机打下来。日本侵略者轰炸昆明，每次飞机都是集群而来，像马蜂一样，耀武扬威，肆无忌惮，扔完炸弹就飞走。八岁的宋文骢，每次听见警报声，都跟着大人往郊外跑，但每次都会有一些不幸者被炸死。有的全家都被炸死了，连埋的人都没有，只得暴尸街头！这给少儿时期的宋文骢留下了深深的伤痛。

一次，宋文骢看见被炸死的一位老人，在路边被破席掩盖着，他愤愤地对母亲说："等我长大了，我要去学开飞机，去炸死那些横行霸道的小鬼子。"他母亲听他这样说，欣慰地点点头。

大凡有作为有成就的名家伟人，从小就受到良好的家庭教育。宋文骢的成长经历也是如此。宋文骢兄弟姐妹七人，在他们的记忆中，父母的文化程度虽然不高，但对子女的教育很看重，最重要的有两点：一是要学会做人，做一个正派正直的人；二是要认真读书，学好本领才是自己的立身之本。在他们的印象中，父母正直善良，和邻睦族，尊老爱幼，热心助人。父母的言传身教使得他们在漫长的人生岁月中，做人做事都有自己的准则和分寸。

小时候的宋文骢，也是一个很调皮的孩子，老一辈人曾戏称他为“飞天神王”，他能在楼梯栏杆上走“平衡木”，也能在水井边沿玩“双杠”。读中学时，有一次他与几名男生一起，把一桌女生的饭碗全给敲破，因此被记两次大过处分（记三次大过会被开除）。这件事发生不久，碰到学校没柴火做饭了，他自告奋勇，与几名男生一起想办法，给学校采购回来了五车皮柴火，解决了学校缺柴断炊的燃眉之急。当宋文骢和几名男生回到学校时，校长和全校师生站在学校门口，像欢迎凯旋的英雄一样迎接他们。校长还在全校师生大会上表扬了他们，同时撤销了上次的记过处分。人非圣贤，孰能无过，过而能改，善莫大焉。

宋文骢说：“小时候我调皮归调皮，但我爱学习，成绩好，还乐于助人，自立能力也强。五岁上学时，老师便给我们讲颜真卿的《劝学诗》：‘三更灯火五更鸡，正是男儿读书时。黑发不知勤学早，白发方悔读书迟。’家中的长辈，也常用‘少壮不努力，老大徒伤悲’‘书山有路勤为径，学海无涯苦作舟’等励志话语，来启迪我，开导我。这些都给我幼小的心灵留下了深刻的印象，使我受益终身。”

1.3 勤学不懈置大业，攀登不止建奇功

一位知名人才学者，总结他研究精英人才成功的经验是“五气”：志气、才气、朝气、骨气与运气（机遇）。宋文骢便是具有这“五气”的大师级精英人才，在研制战斗机方面，他更是一位难得的精英人才。

先说宋文骢的志气，因从小对日本侵略者对中国民众狂轰滥炸的激愤，他便立下了“造飞机”“开飞机”，把日本侵略者赶出中国的志向。宋文骢深知，有志向，不去实践，不去兑现，志向便会成为一文不值的大话、空话，还会留下笑柄，自取其辱。大凡有志向、有毅力的人，都会以真才实学去兑现自己所立的志向，使自己勇敢地立身社会、报效祖国。

万丈高楼平地起。要实现远大的理想抱负，必须从小事做起，扎扎实实地打好基础。宋文骢在中学读书时，学校里也有思想比较进步的教师。一位姓杨的教师，他除了对学生进行知识方面的教育外，还对学生进行思想教育。他说，你们这代人，别想过好日子，因为你们生下来就遇到“九一八”事变，日本人

占领了我们的国土，要把中国人当亡国奴，民族生死存亡，国家灾难深重。你们现在读书，就要想到将来长大该干什么。

那时，每天一上学，全体师生都要集中在操场上，背诵孙中山先生的遗嘱："余致力国民革命凡四十年，其目的在求中国之自由平等。积四十年之经验，深知欲达到此目的，必须唤起民众及联合世界上以平等待我之民族，共同奋斗。现在革命尚未成功……"遗嘱殷切而深沉，时刻引起少年宋文骢的沉思，特别是老师给大家讲的孙中山先生"要做大事，不做大官"的教诲，对他影响最大。要做就做为国家谋求自强复兴的人，要做就做让中华民族不受别人欺侮的人。

每当日本飞机来轰炸时，我们的飞机总打不过人家而逃遁，而高射炮又总不能把日本飞机打下来，宋文骢就会愤愤不平地说："等我将来长大了，要发明一种'找机弹'，自己去追飞机，一下就把日寇的飞机给打下来！"

随着抗日战争的持续，战争越来越残酷，日本飞机对昆明等地的轰炸也越来越频繁。为了躲避日本飞机轰炸，1941年，正在读小学的11岁的宋文骢跟随家人从昆明迁回了老家大理。

回到大理，宋文骢先在县城的由天主教教会开办的育成小学读书，毕业后考入大理县中学读初中，学习成绩优异，后来又考取素有“滇西最高学府”之称的云南省立大理中学。辛亥革命之后，该校校名改为云南省第二模范中学堂。

该校以治学严谨而著称，有着“读书养气，敬业乐群”的校训，有着“严谨、博闻、至诚、奉献”的教风，有着“多思、善问、遵纪、求实”的学风。这里也是人才辈出的地方，中共早期革命活动家张伯简、王复生、王德三，“苍耳英杰”施介，抗日民族英雄“白子将军”周保中，著名翻译家罗稷南，教育家寸树声、张海秋等都是这个学校培养出来的学生。

1943年9月到1946年7月，宋文骢在这里整整学习了三年。在这三年中，他接受以前的教训，努力改正自己的缺点，像一条干涸的小鱼游进了知识的海洋，如饥似渴地在这里发奋学习。他兴趣广泛，记忆力强，广泛涉猎各门功课，对英语、法语都很感兴趣，连少数民族语言也学习。这三年是他打下重要基础的三年，是他长知识的黄金时期，也是他长身体的重要阶段。他酷爱体育运动，不管寒冬酷暑、刮风下雨，几乎每天早晨天不亮就到学校操场锻炼身体，单杠、双杠、打拳、撑竿跳、橄榄球、爬山、划船、游泳样样都感兴趣。他算得上同学中单双杠运动的佼佼者，他曾获昆明中学生运动会撑竿跳第二名。

宋文骢最大的性格特点是极有毅力，只要他下了决心要做的事，决不半途而废。这为他后来紧张的学习和繁重的工作打下了很好的身体基础。直到年逾八旬，他依然耳聪目明、思维敏捷、乐观向上，这不能不说与他坚持体育锻炼有着很大的关系。

1946年夏天，宋文骢以优异成绩从云南省立大理中学毕业。9月，宋文骢考进昆明天南中学读高中。该校教职工中不少人是从沦陷区来的学者、教授，不少教师思想进步、责任心强、学术水平高。宋文骢说，他真正接受进步思想，对正义感有些认识，还是在天南中学读书的时候。他受到进步教师和同学革命思想的影响，看了不少进步书籍和报刊。进校不久，他便投入到“反饥饿、反内战、反迫害”的学生运动中，积极参加学生集会，讨论时局政治，上街游行，呼口号贴标语，参加护校活动，拿着棒子站岗放哨。由于表现出色，他被推选为“学生纠察队队长”。

“从参加党的外围组织起，我这一辈子就和党的事业连在一起了。以后几十年，我在信念上就从来没有动摇过……”时隔半个多世纪，宋文骢还清楚地记得，他青年时期走上革命道路时的情形。

青年时代的宋文骢

1948年冬，宋文骢到天南中学读书两年了。学校的地下党组织观察他、考验他，让他参加校球队，编导“黄河社”壁报，公开宣传进步思想，组织歌咏队，演唱进步歌曲。经过同学陆俊志、申世荣的介绍，他参加了共产党的外围组织“云南民主青年同盟”。这时全国尚未解放，共产党及其外围组织还属于地下工作保密时期。宋文骢成了共产党外围组织的一员后，在组织的领导下，他除了读书，几乎全身心地投入到革命工作中去。

宋文骢（中）抗美援朝时期担任中队机械长

1949年6月，宋文骢高中毕业了。在地下党组织的安排下，他进入解放区的云南泸西县板桥镇滇桂黔纵队政治部干部训练班，参加为期一个月的集训。集训期间，宋文骢参加了中国新民主主义青年团，即现在的中国共产主义青年团。

集训结束后，宋文骢被分配到滇桂黔司令部当侦察员，至此，宋文骢正式成为中国人民解放军中的一员。因为表现好，1950年8月，他被调往东北长春空军第二航校学习。尽管远离家乡和父母，但他从小就是个非常独立、适应能力很强的人。他学习刻苦，注意学习方法，对航空理论上的问题，不但要知其然，而且要知其所以然。同时他还在飞机实物上进行对照比较，反复研究，直到弄通弄懂。因此他进步很快，入学半年后，就基本掌握了即将从事工作的知识和技能，从而成为长春空军第二航校第一学员班的佼佼者。

由于抗美援朝战争的需要，1951年5月宋文骢提前毕业，被分配到空军第九师××团担任机械师，直至1954年8月。他是一个特立独行、喜欢动脑子的有心人，在担任机械师期间，他仔细琢磨各种型号飞机的优劣点，听取飞行员对驾驶飞机的体会和感受，这些都对他日后研发我国先进战机打下了早期的实践基础。

宋文骢不分日夜地忘我工作，他为保证飞机的作战和训练安全做出了突出贡献。1953年3月，他在部队光荣地加入了中国共产党。他先后荣立二等功1次、三等功2次、全师通报嘉奖1次，他担任机械长的中队荣立集体功。这时的宋文骢才24岁，已经成长为一个优秀的中国人民解放军空军军官。

1954年8月，宋文骢从朝鲜回国后，为了打好扎实的理论基础，便考入哈尔滨军事工程学院（简称哈军工）学习航空知识。

哈军工是我们党和国家20世纪50年代初在哈尔滨开办的，以培养高中级军事人才为目标的中国军事工程最高学府，由我军著名将领陈赓大将任院长，并从全国各地挑选技术精英担任教授。哈军工要求学生树立“四气”：志气、勇气、正气、义气。哈军工的目标是培养杰出的工程师、杰出的科学家、杰出的指挥员。哈军工对学生要求高，淘汰率也高，每期只有50%左右的学生能毕业。那时有不少元帅、将军的子弟被送去哈军工学习，可见当年哈军工的教学水平与名气。

名师出高徒，名校育英才。就读于哈军工的宋文骢，由于学习优秀，组织能力强，第二年就被选为班长，一直延续到大学毕业。读书期间，他荣立二等功、三等功各1次，并被选为哈尔滨市劳动模范。在校期间，他还在老师的带领下参加了东风-113飞机的研制工作，并担任总体组组长。作为哈军工品学兼优的学生，宋文骢也初步显露出他过人的才气。

1960年7月，宋文骢从哈军工毕业后，先后在沈阳112厂（沈阳飞机制造厂）、国防部六院一所（601所）工作。这期间，是他理论与实践相结合的初步尝试，使他成为我国军用飞机战术和气动布局专业的创始人之一，成为我国先进新式气动布局设计的开拓

上尉军官宋文骢

者，为我国第一架超音速歼击机“歼-8飞机”的研制做出了重要贡献。

1970年，宋文骢随同歼-9大队，从601所转往成都，参加组建611所，即成都飞机设计研究所。在611所，他先后担任技术科科长、总体气动室主任、副总设计师、副所长兼总设计师等职务，从事新型战机的研发工作。

在此期间，宋文骢担任歼-7C总设计师。歼-7C

属于第三代战斗机，与苏联的第三代战斗机水平不相上下，而且具有自主知识产权，即从过去的模仿型走向自主创新型，实现了战斗机研制的飞跃。然而，在宋文骢眼里，我们的歼-7C与美国的战机相比还有较大的差距，必须奋力追赶，才不会落伍。在宋文骢心里，科学技术是没有顶峰的。今天的尖端技术，你若不去追求更新换代，明天就可能会落伍而被淘汰。满足现状、因循守旧的科学家，不是真正的科学家。因此，他一天也不敢懈怠。

1.4 心中底气足，方敢立潮头

歼-7C研制成功装备部队后，中央军委领导没满足，空军没满足，兄弟军机研制单位也没满足，一贯追求卓越的宋文骢更没有满足。一方面，他带着自己的研发团队马不停蹄地到各空军部队调研，听取飞行员们对未来新机发展的需求；另一方面，调研国外军机发展的动向，探索新路，寻求开发新机的突破口。

经过近30年研究不同型号军机的锤炼，宋文骢在工程实践中积累了大量的试验数据、技术资料与工程经验，和同事们一起对未来新机新式气动布局、战斗机先进性能进行了一系列深入研究，更加明确了未来新机发展的方向。只等新机任务下达，他便可以带领研发团队去攻克新的目标。

或许是沈阳飞机设计研究所建立早、根基厚、技术力量强，又或许是上级机关的领导考虑到成都飞机设计研究所研制的歼-7C正要投产，忙不过来，新机歼-10的研制任务便交给了“老资格”的沈阳飞机设计研究所来承担。正当宋文骢带着研制人员，将歼-7C设计图纸送往贵州的途中，他接到让他去北京参加新机歼-10方案论证的电话。

接到论证新机歼-10的电话后，宋文骢与几位团队成员，带上全部新机气动布局资料，匆匆赶往北京。论证预备会后，主持论证的领导也给宋文骢安排了15分钟汇报时间。面对这一难得的机会，宋文骢与同去“旁听”的几位队友连夜加班，从带去的资料中，将新机鸭式布局的图形、基本数据、重要性能曲线，一一摘录下来，制成几张明胶片，准备第二天汇报用。

宋文骢的汇报尽管只有15分钟，但他有理有据、图文并茂，令人耳目一新。汇报结束后，会场上响起热烈的掌声。特别是宋文骢提出的具有创新性的新型

宋文骢在工作现场

鸭式气动布局方案，引起了在场专家与空军领导的浓厚兴趣与深切关注。汇报结束后，很多领导还详细地看了图纸。

几个月后，领导机关组织第二次汇报论证会，宋文骢便从第一次汇报论证会的“旁听生”变成了“主讲人”之一。汇报时，他旁征博引，有理有据，足足讲了6个小时，赢得了比第一次15分钟的汇报更为热烈的掌声，也争取到了与会者们更多的支持。

在随后两年多的时间里，又经过多次论证、研究与评审，宋文骢带领的成都飞机设计研究所占了绝对优势。国家决定，我国第四代战斗机歼-10正式采用宋文骢提出的新型鸭式气动布局方案，研制主体单位为成都飞机设计研究所与成都飞机工业有限责任公司。歼-10工程被列为国家重大专项。56岁的宋文骢，被国家任命为重点工程——歼-10战斗机总设计师！

歼-10战斗机工程，是一项十分复杂的系统工程。它涉及部门多、技术新、要求高、周期长、投资大、难度大，而且是一条前人未曾走过的道路，需要十多个国家部委机关、一百多个单位参与。真可谓“千军万马闯险关，齐心协力攻歼-10”！成功会一鸣惊人，失败会怨声载道！作为总设计师的宋文骢，踌躇满志、信心十足，有一股“没有金刚钻，谁揽瓷器活”、不达目的誓不罢休的劲头！他与当年的成都飞机设计研究所所长成志明、副总设计师谢品三人，向上级领导立下了“只能成功，不许失败”的军令

宋文骢出席有关会议

状！随后，他们带领着自己久经考验的团队攻关夺隘、勇往直前，向着既定的目标前进。

受命歼-10总设计师的宋文骢，尽管心里有底，但也并不轻松。那么多部门，那么多单位，需要去奔走联络，协调沟通，拍板定案。一年四季，他南下北上，深入研制实验室、工厂生产车间、试飞现场第一线调查研究，处理一个个关键问题，确保一个个环节万无一失。

56岁受命，按照中国过去法定退休年龄，宋文骢再过四年就该退休了，在歼-10战机这个研发团队中，队友们给德高望重的宋文骢总结了“四最”：资历最老，年龄最大，从事飞机研制的时间最长，也最受人尊重。他的求实态度、创新精神、技术造诣、人品思想、爱国情怀，影响着、激励着参与战机研制的一代又一代航空人，他是航空事业中承前启后的榜样。

宋文骢在同事们眼里，是一位慈祥可敬的长者、善出奇招的智者、喜欢挑战的勇者，更是一位风度儒雅、诲人不倦的学者。在他身边工作，无论老少，同事们都感到是一种幸运。对少数心浮气躁，这山望着那山高，总想跳槽挣大钱的年轻人，宋文骢也会毫不客气地告诫他们：不要介意做小事，打下手，“跑龙

十号样机总装完成

歼-10首飞成功后，宋文骢迎接试飞员雷强

歼-10首飞成功，宋文骢受表彰

套”。只有定下心来做成每一件小事，你才有可能做成大事。经常移植的花是开不好的。只有立足本职，将书本知识融入工作实践中的人，才会茁壮成长，才能干出一番大事业来。

国外搞先进战机的某位专家，得知中国要搞歼-10战机时，曾以轻蔑的口气连说了三个不行：“你们的技术不行，你们的方案不行，你们的人员不行！”言外之意，要等着看中国人的笑话，等着中国耗巨资去购买他们的技术。宋文骢一听如此轻视中国人的言论，就义愤填膺，他表示：“关键技术我们一定要自己攻关，不能任人牵着鼻子走，不管再苦再难，咬紧牙关，一定要走自行设计的道路。不达目的，誓不罢休！”在研制歼-10期间，宋文骢就连岳父病危与去世，都没法抽身前往看望与处理后事，只得让夫人张懿一人回去操劳。在研制歼-10的七千多个日子里，宋文骢一直在尽为国为民的“大孝”，而将亲情家事搁置一边。如果没有一颗强烈的爱国报国之心，谁又能做得到啊！

1998年3月23日，是歼-10战机首飞成功之日，是值得成都飞机设计研究所与成都飞机工业有限责任公司庆贺的日子。原本生于3月26日的宋文骢将自己的生日提前到3月23日，称自己有“两个生日”，对歼-10

首飞成功的喜悦溢于言表！自此，每年的3月23日，宋总都会与身边的老同事老战友们一起庆生，为自己，更为歼-10！

对于新型战机来说，首飞成功并非大功告成。随后，又经过五年的反复修改，多次验证，数百次的试飞，直到印证了宋文骢提出的“不给空军留下任何遗憾”的2003年3月10日，将歼-10正式交付空军时，宋文骢肩上的千斤重担才算真正落了地。在交接仪式上，满头银丝的宋文骢深情地对大家说：“领导们、同志们，今天确实是个好日子呀！我算了算，我们研制的歼-10，从开始研制算起，今年已满18岁了，终于可以参军了！”几句朴实无华的话语令全场激动，在场的研制人员与接机的空军指战员无不热泪盈眶，为他十余载的辛勤付出报以热烈的掌声，向这位“歼-10之父”致敬。

1.5 既当开路者，又育接班人

一个杰出的科学家或者工程技术专家，不但自己要志存高远，当好开路人，敢于攀登科学技术高峰，还要当好导师，重视青年科技人员的培养，打造优秀的科技攻关团队和优秀的接班人。只有这样，我们的科学技术事业才会人才济济，后继有人，不断攻克科学技术高峰，把我国建设成为世界科技强国。

歼-10战斗机总设计师宋文骢，正是一位公字当先的好导师。他做事高效，为人低调。在科研设计中，他既是开路先锋，又是非常注重培养后继人才的大师级人物。他的学生、歼-20战斗机的总设计师杨伟是22岁研究生毕业的“天才少年”，来到成都飞机设计研究所后，他凭着一腔“初生牛犊不怕虎”的气势，刚一报到就来到宋文骢的办公室，向这位总设计师提出：“让我当您的助手吧，我会跟您好好学习的。”宋文骢听了一愣，和气地将杨伟从上到下打量了一番，对他说，我们国家需要建设一支强大的空军，需要研制先进的战斗机，你要脚踏实地地工作，不要好高骛远。随后，他将杨伟分配到新成立的研究室。通过实践，他发现这个小伙子确实是可造之才，宋文骢开始有心将杨伟当作自己的助手与接班人来培养。

宋文骢走到哪里，便把杨伟带到哪里，每到一个单位，每见到一位领导，宋文骢总是主动向对方介绍：“他叫杨伟，将来是要接我的班的！”杨伟每次听见宋总这样介绍自己，心里总是热辣辣的，既是压力，也是动力。

宋文骢和杨伟

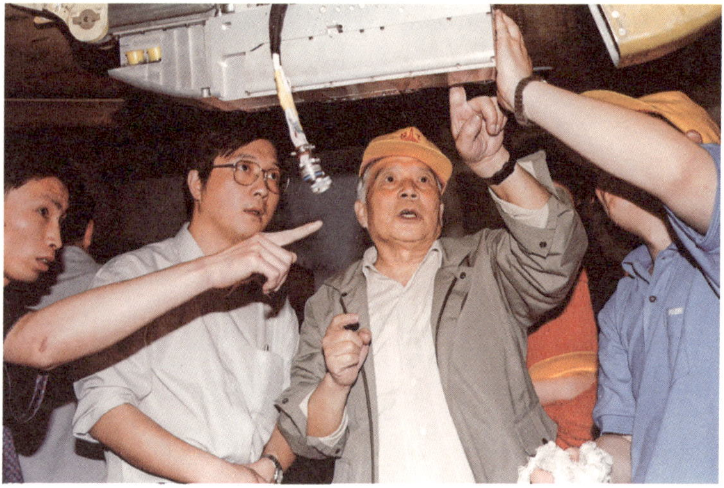

宋文骢和弟子杨伟在型号机研制现场

年轻而有志向的杨伟非常争气，他用行动和实力真正成为继宋文骢之后，成都飞机设计研究所的顶梁柱、主心骨。杨伟后来担任了我国第五代隐形战斗机歼–20的总设计师，2017年当选中国科学院院士，现担任中国航空工业集团公司副总经理。

宋文骢深知，人的生命是有限的，而科学技术的发展却是无限的，总是在彼此的角逐中向前发展。因此，培养出一代又一代优秀的航空人才，是老一代航空人义不容辞的责任，而且还得让年轻一代的航空人更优秀更有能耐。不然，我中国如何在世界航空事业中取得领先的一席之地？

基于这种高瞻远瞩的谋虑，宋文骢在重点培养杨伟的同时，对战机研制团队各层次的精英人才也倾注了大量心力。在研制歼–7C与歼–10的过程中，他让各个层次的负责人有职有权有绩效，论功行赏。研制歼–10时，他根据研制步骤、试验项目、工作内容，任命了10个部门的负责人，让他们各司其职，各负其责。凡是应各部门负责完成的科目，统统由各部门负责人签名。这样做既加强了下属各级的责任心，又让他们收获了应得的成果与名分，此举受到了团队成员们的拥护与欢迎。这便是宋文骢的人格魅力！

1.6 今生欠债陪伴，来世加倍偿还

男大当婚，女大当嫁，这是中国人的传统习俗。可仪表堂堂，重点大学本科毕业，肩扛上尉军衔的宋文璁，由于一心扑在战机研制上，似乎忘记了自己的婚姻大事。与他同时期毕业的年轻人，无论男生女生，不少人的孩子都快初中毕业了，他却一直拖到35岁才与本研究所的技术员张懿结婚，算得上晚婚的典型了。

新婚的日子是甜蜜幸福的，然而由于宋文璁太忙，夫妻聚少离多，直到张懿近30岁，宋文璁已满41岁，他俩一生中唯一的女儿宋凌才来到这个世上。由于两人都忙于工作，宋凌未断奶便被送往外婆家哺养，夫妻两人一年难得见上女儿一面。

作为大师级航空专家的宋文璁，对“国”与“家”，一直难以两头兼顾。对夫人与女儿，他一直是“情感欠债户”；对父母与兄弟，他又何尝不是。他在哈军工读了六年大学，为了打牢理论根基，他竟然一次都没回过家。若不勤学苦钻，取得骄人的成绩，他读大二时怎么能当选班长且连任五年？若没有

突出的成绩与作为，他怎么能在读书期间便荣立二等功、三等功各1次，而且还当选为哈尔滨市劳动模范？

对老家的父母兄弟，对夫人张懿与女儿宋凌，宋文骢总是怀着一颗负疚之心。张懿读大学也是学的航空专业，她和宋文骢在工作中相识、相知、相爱，谈了三年恋爱才登记结婚，可见他们的婚姻是经过长期考验、有牢固基础的。

张懿也是位公而忘私、以事业为重的女性，由于长期设计绘图，用眼过度，导致视网膜脱落。直到此时，宋文骢才陪同夫人去医院做了手术。视力刚一好转，张懿便催促宋文骢回所里工作。她说，我需要陪伴，你周围那些弟兄们更需要与你商量共事啊，回所里去吧！宋文骢只得依依不舍地告别了张懿。

2004年，宋文骢卸下总设计师担子，改任成都飞机设计研究所首席顾问，虽然他始终坚持按时上下班，但肩上的担子还是轻了不少。这时，他才得以抽空骑自行车去市场帮夫人买粮买菜；节假日与晚饭后，才可以牵着夫人的手在生活区散步谈心。一次，宋文骢动情地对张懿说：咱俩一定要把未来的时间安排好，把身体锻炼得棒棒的，再轻松愉快地活它几十年，否则，婚后几十年，我亏欠你那么多，如何还得清？

宋文骢与张懿结婚照（1965年）

宋文骢和夫人张懿

宋文骢、张懿与女儿宋凌在九寨沟（1998年）

宋文骢和家人

歼-10机群

张懿摇了摇宋文骢的手臂，将头靠近宋文骢耳边说：什么你的我的还不还呀！《十五的月亮》歌词中，不是说军功章有你的一半，也有我的一半吗？我从来都没有抱怨过你对我对这个家付出太少，再说，我们这辈子爱不够，不是还有下辈子吗？

宋文骢看着风风雨雨一起走过近半个世纪的老伴，依然那么通情达理，依然那么美丽动人，不由得庆幸自己当年的选择。他紧紧握着张懿的手说：过去常有人对那些幸运者说“三生有幸”，我算其中有幸者之一吧！咱们现在约定“来世结伴再同行”！

1.7 卓越的奉献，无上的荣光

改革开放初期，邓小平同志倡导在全社会要“尊重科学，尊重知识，尊重人才”。回顾改革开放四十多年来，多数领导人，多数企事业单位，是执行了“三尊重”的，使中国的新老知识分子，找到了适合自己的舞台，做出了自己应有的贡献，也收获了应得的荣誉与奖励。正因如此，中国才有了举世瞩目的今天，中国人民才过上了丰衣足食的小康生活。

宋文骢便是中国千千万万得到“三尊重”知识分子中的一员，他为中国的航空事业做出了杰出的贡献。

在航空战线上奋斗了50多个春秋的宋文骢，先后参加过东风-113号机，歼-7C、歼-8、歼-9、歼-10等多个型号飞机的研制，特别是国家重点项目歼-7C、歼-10飞机，是从过去的仿制，走向了具有自主知识产权的创新，并且取得了成功，装备了空军，经受了检验，实现了我国航空武器装备的跨越式发展，是我国战机研制史上的空前成就，永载史册。

宋文骢卓越的奉献，也荣获了丰厚的奖赏。1988

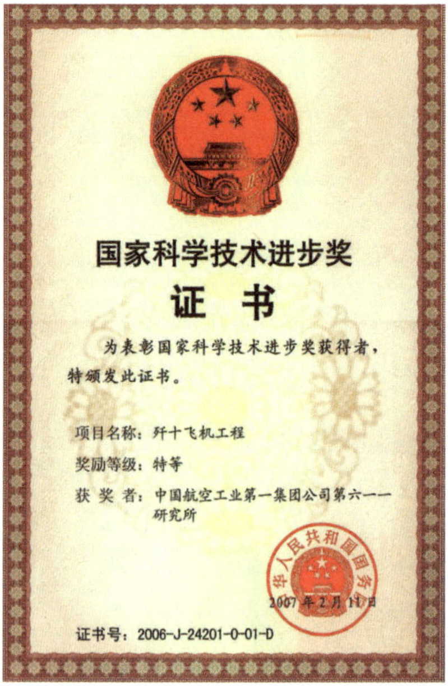
国家科学技术进步奖
证 书
为表彰国家科学技术进步奖获得者，
特颁发此证书。
项目名称：歼十飞机工程
奖励等级：特等
获 奖 者：中国航空工业第一集团公司第六一一
研究所
2007年2月11日
证书号：2006-J-24201-0-01-D

宋文骢领衔的歼十飞机工程获国家科技进步奖特等奖

年，荣获“全国优秀科技工作者”称号与“五一劳动奖章”。2000年，被评为全国先进工作者。2003年，当选中国工程院院士。2007年，因歼-10飞机工程，荣获国家科技进步奖特等奖（当年唯一特等奖）。2010年，当选感动中国2009年度人物。让我们听一听“感动中国2009年度人物”评委会写给宋文骢的颁奖词：“少年伤痛，心怀救国壮志；中年发奋，澎湃报国雄心。如今，他的血液已经流进钢铁雄鹰。青骥奋蹄向云端，老马信步小众山。他怀着千里梦想，他仍在路上。”

除了上述国家级奖项外，省部级与成都市授予宋文骢的奖励与称号还有许多许多。

1.8 歼-10模型送母校，激励晚辈超前贤

按中国人优良的传统观念，人的一生中不应该忘记有四：生养自己的父母不应该忘记；培养自己的学校与老师不应该忘记；帮助过自己的上司、亲戚、朋友不应该忘记；与自己相恋相爱共度一生的配偶不应该忘记。不仅不应该忘记，而且还应该以不同的方式，去感恩、去酬谢、去报答。宋文骢不仅以一生的聪明才智报答了祖国和人民，同时在四个“不应该忘记”方面也做得很到位，堪称楷模。

下面让我们讲一个他报效母校、激励后生的故事。

据云南省大理县一中的校办副主任伍勇介绍，2009年4月，宋文骢及夫人在其弟弟弟媳的引领下，回到他阔别63年的母校——云南大理一中。宋文骢来到校园，看到了一颗上百年树龄的罗汉松与学校天井西

宋文骢和歼-10模型

南角的一口古井，这勾起了他当年在这里读书的一些回忆，连学校大门口的台阶，他都有着深刻的印象。

虽然宋文骢去的这一天学校放假，但他还是见到了几位没回家的学生。宋文骢不仅与几位学生进行了亲切的交谈，还应学生们的请求给他们写下了祝愿的话语。

伍勇陪同宋文骢及夫人参观校史展览室时，宋文骢给展览室题了词，并将他带去的歼-10战机模型送给了校史展览室。伍勇也将大理一中出版的一套书送给了宋文骢。宋文骢高兴地将母校赠书装入了提包。

宋文骢、张懿在大理一中

崇拜学习名家伟人乃是中国人的优良传统，尤其是青年学生，在这方面更为积极热烈。大理一中的师生们看到歼-10战机模型，得知宋文骢在航空领域的杰出贡献后，许多师生后悔当天没能见到宋文骢，没能亲耳聆听他的教诲。伍勇后来告诉记者，许多同学除了感动，还积极报考航空航天专业，现在大理一中，已有一二十人进入西安交通大学、西北工业大学等高校就读航空航天专业。

这也许就是宋文骢院士探访母校的初衷吧！

1.9 运动助人长寿，动脑活跃思维

活到86岁辞世的宋文骢，与活到90多岁乃至超过百岁的人相比，不算高寿；但与成都男性市民的平均寿命比起来，他也应该划入“长寿翁”的行列。无论高寿与否，让人惊奇的是他那颗非凡的脑袋！

大凡工薪阶层的人，活到56岁时，应该考虑离岗退休了。可宋文骢56岁时却接下了歼-10总设计师的重担，而且还向上级领导立下了“只能成功，不许失败”的军令状。如果没有灵敏的运筹帷幄的头脑，没有十拿九稳的信心，他是注定没有这份胆量的。据20

宋文骢与青年技术人员座谈交流

世纪90年代人才学专家调查统计，一个人创造性才能的峰值期是26～38岁。一过40岁，人的灵感便会逐年下降。可宋文骢却是特例。他担任歼-7C总设计师时已经51岁，56岁又担任歼-10总设计师。这两架军机都不是仿制，不是走前人已经走过的老路。许多零部件，都需要他及团队成员，别出心裁地去独创。如果年过五旬的宋文骢没有灵感，别说他不敢接这两副重担，国家也不敢交给他。因为这是关系到国威军威的大事啊！

过去人们常说：“身体是革命的本钱。”这句话一点儿也没错。一个人假如没有强壮的身体，没有聪明的头脑，再高远的理想，再伟大的抱负，都会化为子虚乌有。宋文骢从小便懂得加强体育锻炼与社交联谊对保持身心健康与思维敏捷的作用。他喜欢唱歌、跳舞、打网球、爬山、骑自行车，酷爱游泳。宋文骢还特别喜欢与所里的年轻人在一起畅谈，交流技艺，锻炼身体。他说，两代人在一起，是情感交流，是知识互补，彼此都会得益。

有一次，所里的年轻人邀宋老去爬成都郊区的龙泉山。74岁的宋文骢不仅欣然接受，爬山时还经常冲在年轻人前面，而且专挑崎岖险峻的路段爬。登到顶峰时，他还满怀豪情地赋诗一首：

攀登龙泉山有感

老马信步小众山，青骥奋蹄白云端。
深幽奇峻通天路，同心无畏任我攀！

七八十岁的宋文骢，之所以能保持旺盛的青春活力，除了坚持体育运动外，还与常和年轻人在一起交流有很大关系。

从上面这首诗看出，宋文骢不仅在科学研究、创造发明上是奇才，在文学修养方面也有较深的造诣。

1.10 文骢乘鹤归西去，中央常委送挽联

生老病死，是人生常态。无论达官显贵还是市井平民，都是要经历这一道道关口的，谁也无法躲过。不仅是封建社会的历朝皇帝想活万岁甚至长生不老，就是普通平民百姓也希望自己能益寿延年，多活些时日。宋文骢也曾对他的队友们讲过：假如上帝能让他多活一百年、两百年，他会带领他的队友们，研制出更多更好的战斗机来！然而，人有情、天无情，就在宋文骢86岁生日即将到来时，他却在北京301医院与世长辞了！一位大国巨匠，就这样陨落了！

宋老走了，带着他永远牵挂的航空事业。中央政治局的七位常委习近平、李克强、张德江、俞正声、刘云山、王岐山、张高丽，中央军委副主席范长龙、许其亮，政治局委员赵乐际，国务院副总理刘延东等，向宋老的亲属表示慰问并送花圈。中国航天工业总部及其下属单位为宋文骢的辞世，下半旗志哀。如

宋文骢塑像（坐落在成都飞机设计研究所）

此高规格地向一位工程院院士、飞机总设计师志哀、送葬，可见中央领导对这位“歼-10之父”的辞世，所寄予的哀思是何等的沉重！

其实，从歼-10战机的立项到研制成功，这二三十年中，中央与中央军委的历届领导都十分关心。歼-10的研制最先受到邓小平等老一辈革命家的关注。1994—1999年，先后有江泽民、胡锦涛、朱镕基、吴邦国、温家宝、聂荣臻、邹家华、张万年、刘华清、李岚清、尉健行、张爱萍等党和国家领导人到研究室、试飞场视察，及时为宋文骢研制团队排忧解难，保证十号工程的顺利进行。由此看出，歼-10这架战机的研制成功与装备部队，在历届中央领导人心目中是何等的重要！让我们深切怀念这位中国工程院院士、“歼-10之父”，为我国国防事业做出重大贡献的老人——宋文骢！

歼-10腾空跃起

◎宋文骢的座右铭

国家兴亡，匹夫有责。

◎宋文骢的兴趣爱好

喜欢唱歌、打网球、游泳。

喜欢和青年人座谈交流。

◎宋文骢对青少年的希望

希望年轻一代保持艰苦创业的优良作风，在飞机研制中绽放青春风采，为中国航空工业赶超世界先进水平贡献才智。

高材泰斗

中国科学院院士徐僖的故事

◎ 院士简介

徐僖

徐僖（1921.01.16—2013.02.16），江苏省南京市人，高分子材料科学家，我国高分子材料学科的开拓者和奠基人之一，世界高分子力学的引领者之一。1944年毕业于浙江大学化工系获学士学位，1948年毕业于美国里海大学获科学硕士学位。曾任四川大学一级教授、高分子研究所所长、四川大学高分子材料国家重点实验室主任。1981年加入中国共产党。1991年当选中国科学院院士。从事高分子材料科研教学工作60余年，发表研究论文300余篇，获得30余项发明专利授权。曾获国家自然科学奖、国家发明奖、何梁何利基金科学与技术进步奖、全国教育系统劳动模范称号。

徐僖长期从事高分子力化学、高分子材料成型基础理论、油田化学以及辐射化学等领域的研究，他对特殊材料的研究为我国的军需装备和石油工业的发展做出了突出的贡献。

1.1 新材料和高分子材料

新材料技术是现代八大前沿技术之一。新材料是一大类用先进工艺制作的特殊材料。没有这些特殊材料，火箭上不了天，潜艇钻不进深海，火箭、导弹、核弹、核潜艇、宇宙飞船，统统都无法制成。比如，导弹在空中高速飞行，与空气摩擦产生几千摄氏度的高温，如果不是在导弹壳体上涂了一层特殊材料，让它在空中摩擦时降低壳体温度，导弹壳体早就被高温熔化了，就像天上的流星一样。

徐僖在办公室（2010年）

徐僖在海边

新材料是指新近发展或正在发展的，具有优异性能的结构材料和有特殊性质的功能材料。结构材料主要是利用它们的强度、韧性、硬度、弹性等机械性能。近几年，世界上研究、发展的新材料主要有新金属材料、精细陶瓷和光纤材料等。

高分子材料则是新材料中的一种，是科学家们研制的有特殊用途的特殊材料。

高分子材料也称聚合物材料，是以高分子化合物为基体，再配有其他添加剂所构成的材料。高分子材料的种类很多，按照材料应用功能的不同分类，分为通用高分子材料、特种高分子材料和功能高分子材料三大类。通用高分子材料指能够大规模工业化生产，已普遍应用于建筑、交通运输、农业、电气电子工业等国民经济主要领域和人们日常生活中的高分子材料。这又分为塑料、橡胶、纤维、黏合剂、涂料等不同类型。特种高分子材料主要是一类具有优良机械强度和耐热性能的高分子材料，如聚碳酸酯、聚酰亚胺等材料，已广泛应用于工程材料上。功能高分子材料是指具有特定的功能作用、可做功能材料使用的高分

徐僖在油田考察（1996年）

子化合物，包括功能性分离膜材料、导电材料、医用高分子材料、液晶高分子材料等。

让我们看一看徐僖院士研究过的高分子材料吧。

首先，徐僖是通用高分子材料——塑料工业的开拓者。

塑料是以合成树脂或化学改性的天然高分子为主要成分，再加入填料、增塑剂和其他添加剂制成的材料。塑料通常按合成树脂的特性分为热固性塑料和热塑性塑料，按用途分为通用塑料和工程塑料。徐僖创建了新中国的第一个塑料专业，发明了用天然五倍子材料生产的塑料。

徐僖还研究了多种特种高分子材料。为了开发用于油气田勘探、开采的高分子材料，20世纪80年代初，他们联合石油部在成都科技大学建立了我国最早的油田高分子材料研究室，到大庆、玉门、胜利、四川等油气田调研、勘探，开发了二十多种高分子材料投入使用，其中有耐温、抗盐、抗剪切、降解性能优良的钻井液处理剂、堵水调剖剂等，产品成本较低，施工简便，无环境污染，已在塔里木、中原、青海、胜利等油田推广应用。他们采用超声波技术先后制成了难以用一般化学方法合成、可用于石油开采的高效高分子表面活性剂，不相容聚合物体系的增容剂以及金属冷加工润滑剂等18

徐僖获四川省科技进步奖

种新型高分子材料。研究成果达到了国际先进水平，获得1987年国家自然科学奖二等奖。

同时，徐僖从20世纪50年代初开始从事高分子力化学这一交叉学科的研究，侧重研究应力对高分子材料的正面效应，为高分子材料的合成、改性和成型加工提供清洁、高效、简便的新途径。

抗日战争期间，徐僖在四川万县念高中时住在当地农民家，经常帮当地农民推磨，石磨强大的剪切力给他留下了深刻印象。他对中国传统石磨的磨面结构和力学作用进行了较深入的理论分析，借鉴石磨的特点，设计、研制出既能有效粉碎韧性高分子材料，又能实现固相力化学反应的磨盘形力化学反应器。利用它实现了废旧橡胶的室温有效粉碎，为解决大量废旧橡胶回收利用的难题提供了新的思路。

徐僖采用气流粉碎、磨盘研磨，系统研究了聚氯乙烯的固相力化学反应，研制出可用作聚氯乙烯自增塑材料的熔体黏度低的聚氯乙烯。该成果1996年通过鉴定，被认为是聚氯乙烯加工的重要突破，已达到国际先进水平。

受辐射化学的启发，徐僖在高分子材料研究中提出了多组分高分子体系辐照增容的设想，通过采用γ射线、电子束、紫外线、微波等辐照技术实现了聚烯烃共混、填充体系的辐照增容，使材料的强度和韧性同时得到大幅度提高。研究成果“高分子力化学及辐照增容研究”获得1998年教育部科技进步奖一等奖。

1.2 民族仇恨，家国情怀

徐僖出生在烽火连天的战争年代，面对多灾多难的祖国，他立下了“要使中国人有尊严地活在世界上”的志向，并为之奋斗一生，至死不渝，初心不改。

1934年，徐僖小学毕业，姐姐和姐夫将他安排在一所叫育才公学的美国教会学校读初中。这个学校绿树成荫，环境很好。学校的校长是一个身材高大的洋人，很像美国的西部牛仔，但人却很坏。

徐僖有一个要好的同学叫黄根宝，黄根宝的父亲是个开货车的司机。黄父到学校看望儿子，在路过洋校长身边时，无意识地做了一个不太文明的动作。洋校长不分青红皂白，甩出一条腿，狠命地踢到黄父的脚上，让黄父猝不及防，栽倒在地，十分痛苦狼狈地趴在地上。这引起了一片惊呼声，黄根宝马上扑上去，将父亲扶起来，徐僖怒火中烧，恨得牙痒痒，但大家敢怒不敢言，他也只有忍了。

然而，事情并没有因为大家的忍耐而结束。这位蛮横的洋校长竟然当众宣布，开除毫无过错的黄根宝同学。理由是黄根宝有这样一个不文明的父亲，肯定是没有家教的。小徐僖十分愤怒，决定同黄根宝一起退学。

一个13岁的孩子，敢于挑战洋校长的权威，炒了洋学堂的鱿鱼，把这位洋校长惊得目瞪口呆，也使黄根宝和学校的其他师生非常佩服。但黄根宝和其他老师、同学都说这事与小徐僖无关，劝他不要退学。小徐僖想，这怎么与我无关呢？这牵涉到做中国人的尊严。徐僖拉着黄根宝的手，昂首挺胸，义无反顾地走出了洋学堂，再也没有回去。

1937年7月，徐僖在金陵大学附中刚开始学习生活，国难来临，日本全面侵华战争开始了。国民政府的首都南京成为日本法西斯夺取的一个重要目标。

日本侵略者要攻打南京，使南京前几个月就人心惶惶。城里那些当官的、有钱的，逃得最快，普通百姓则像没头苍蝇，乱成一团。徐僖的父亲看看不对劲，决定带全家十余口人逃难。在南京大屠杀的前三天，他们关闭了照相馆，带着主要的照相器材和细软，加入了逃离南京的难民大军。

往哪里逃？谁也不知道。他们首先想到的是到长江边，坐轮船逃离。他们来到江边，谁知，与他们想法一致的人非常多，人山人海。可轮船屈指可数，都往趸船上挤，哪儿挤得上去。而且，那些溃逃的国军官兵也在往上挤。

徐父见没办法上船，便扭头带一家人往火车站跑。火车站也是人山人海，仅有几辆火车停在站上。人们拼命地往火车上爬。在抢登火车的过程中，徐僖曾一度与家人失散。惶恐中，他听到父亲声嘶力竭的呼唤，才奔向对面的一列火车，与家人会合。他们终于挤上了火车，火车将他们带到了汉口。

侵华日军在1937年12月13日攻陷南京之后，在南京对中国平民和战俘进行了长达6个星期的大规模屠杀、抢掠、强奸，犯下了令人发指的滔天罪行。

南京大屠杀发生后，徐僖才觉得，他们在逃难途中受的苦不算什么，庆幸自己在日本侵略者屠刀高举前逃了出来。后来，他们从陆续逃到重庆的幸存者口中得知，母亲的娘家二十几口人，包括徐僖的外公、外婆、舅舅、姨妈、表哥表弟、表姊表妹，全部被日军杀害，无一幸免。徐僖一家逃离南京前，徐母曾苦口婆心劝她的娘家人同他们一起撤离，但故土难离呀。况且，这些老南京人曾经历过许多战乱，在战乱中，虽“城头变幻大王旗”，但“大王”们总是需要百姓为他们服务的，一般都不会把百姓怎么样的。谁想到他们这次会遇到人类史上最凶残、最没人性的日本侵略者！

这些幸存者还描述了南京大屠杀惨绝人寰的一些细节，首先冲进城内的日军，手持上了刺刀的“三八”枪，见人就捅，即便是手无寸铁的中国平民。日军一条条街搜索，杀光了一条又一条街上的南京人。南京城失守时，挹江门方面溃败的士兵和百姓，纷纷北逃，抱块木板或树干就往江里跳，想泅渡到北岸逃命。日军开着摩托艇、架起机枪，在江面上来回追逐扫射，死人无数，他们在江边看到，浮尸堆了几米厚，根本看不到江水了。

母亲每听一回这样的消息，就要大哭一次，直至哭昏过去。徐僖也跟着哭，想起慈祥的外公、外婆，经常在一起玩耍的表兄弟姊妹，统统被日本侵略者害死了，民族仇、家国恨，一齐涌向心头。这使他从小就立下了坚定的志向，一定要学好本领，建设祖国，使中国富强，不再受列强欺侮，使中国人有自尊，不受外族欺凌，让中华民族自立于世界民族之林。这个志向立下以后，就没有动摇过。即便他后来受到不公正待遇，被劳改、被监禁、被批斗，都未能改变他的志向。

“南京大屠杀”事件对徐僖的人生道路产生了巨大的影响，是他为建设强大国家、复兴中华而忘我工作的主要思想基础。

1.3 艰难困苦，玉汝于成

徐僖于1943年考入内迁至贵州遵义的浙江大学学习。抗战时期，学校的生活条件很差，他还把病逝的大哥的两个儿子带到学校，担起了家长的责任。

但是，徐僖这时仅靠学校的少量补助费维持生活，养活自己都困难，怎么养活两个不到10岁的小侄

徐僖的青年时代（1943年）

子？没办法啊，连大名鼎鼎的数学家苏步青教授都只有靠卖衣服、书籍换粮食，养活一家人，何况一个穷学生！

住宿的问题比较好办，那时，管理不太严格，宿舍里空着一张双人床，他就把两个侄子安置到这张双人床上。可是，吃怎么办呢？

无奈之中，徐僖找到了一个办法，那就是带着两个侄儿去街上吃“两头望”。什么叫“两头望”？这是一种用潲水制作食物的街边食店，去吃这种潲水饭的人都是穷得叮当响的人，实在没法了才去吃。有的有身份的人不得已时也尝试去吃这种饭，但他们怕熟人看见，提心吊胆的，不断朝两头望，看有没有熟人来。他们根据这种“两头望”吃饭的情景，把这种消水饭叫“两头望”饭。

徐僖是爱面子的，同学们好久不见他在食堂吃饭了，问他最近到哪里吃饭去了。他说，他天天进馆子吃饭，把同学们惊得目瞪口呆，怎么，徐僖发财了？

这样的苦日子熬了一段时间，实在是熬不下去了。徐僖萌生了退意，想带着两个侄儿去做工谋生。

徐僖的老师侯毓汾听到消息后大怒，她把徐僖找去，训斥道：你有困难就给老师说嘛，什么都是好商

徐僖与恩师侯毓汾教授（左）在福州合影（1983年）

量的！老师给你补助，你不要，你现在来给我说，要去打工挣钱。你要去挣钱你就去，我不拦你！

说完，侯老师把一本书往桌上一甩，愤怒地拍案而去。徐僖呆了，他知道，老师很喜欢他这个学生，爱之深，才恨之切！平时，侯老师知道他生活困难，时不时塞他三五元钱。须知，这可不是一个小数目，当时，一元钱可买80个鸡蛋呢！但徐僖怎能长期用侯老师私人的钱呢。因此，徐僖后来多次婉拒了侯老师的资助。

徐僖感动了，决定留下来继续跟侯老师做学问，搞研究。但他也不准备靠老师的钱来维持生活。他开始动脑子挣钱了。

徐僖在浙江大学遵义校区学习的时候，是比较自由的。在这所大学里大多数老师和同学都不讲究衣饰，每个人都十分忙碌。在教与学的空余时间，部分生活比较困难的老师和同学都从事了副业，有的制造肥皂、皮革在市场出售，有的则做墨水、鞋油、雪花膏放在学校小卖部零售。

一心要挣钱养家的徐僖，开始在这儿展露出办实业的天赋。在他读三年级时，他便开始了“创业”活动。他发现，遵义地区产的松香价格很便宜。他学的化学知识使他知道，松香含有松香酸酐、松香酸、树脂烃、挥发油等可燃性化学物质，可以提炼出汽油、柴油类燃料来。于是，他叫一帮穷学生当助手，找来一个铁桶，架在一个用砖头做成的灶上，在铁桶中装入松香，从铁桶上开口，接上蒸馏冷凝器。在树林中捡些干树枝架在灶上，放上一些枯树叶，用火柴点树叶，树叶引燃树枝，火便熊熊燃烧起来。然后，控制火势，用微火使松香完全熔化，逐渐加大火势，大分子的松香开始裂解。小分子含碳化合物先出来，遇冷凝为轻油，也就是松香油，同汽油的成分差不多；大分子含碳化合物后出来，遇冷凝为重油，也就是柴油。徐僖和他的那帮“穷哥们”把实验室弄得乌烟瘴气，个个染成花脸，但看到造出了汽油、柴油，他们高兴极了。

徐僖兴冲冲地将柴油提到电影院去。电影院老板大喜，柴油是战略物资，紧俏得很，早已断货，电影院也关门好久了。老板将柴油灌进发电机，发电机开动了，电影院开业了！遵义城轰动了！之后，遵义城电影院里面用的柴油，剧院里面用的汽油灯的汽油，全校用的墨水、肥皂、皮鞋油都是徐僖他们造的。

电影院、剧院，各个自备发电机的单位，都来向徐僖买柴油、汽油，并称他为徐老板。从此，徐老板在遵义城出名了，走到那里，他都是座上客。电影院老板则指令：徐老板来看电影不要钱。

徐僖在浙江大学读书，其实是不愁学费的，只要开口，他的父兄就会提供他的学习与生活费用，可是，徐僖为了养活两个侄儿，实现“白手起家”的理想，硬是不向父兄伸手。

徐僖在遵义创建多种实业时，不仅培养了将科技转化为生产力的能力，也使他和两个侄儿的生活有了改善。徐僖不仅让两个侄儿有饭吃，还买鸡蛋保证他们的营养，出钱让他们上学，让他们受到了良好的教育。

1.4 赴美留学，复兴中华

1948年，徐僖考取了美国里海大学，有了公费留学的机会。里海大学是私立大学，不仅学费很贵，在进行研究工作时所有的药品及易耗器材皆需自行负担。由于实验开支浩大，为了不影响实验进程，徐僖一方面省吃俭用，另一方面向中华教育文化基金董事会如实反映情况，基金董事会同意对徐僖延长补助一年，并同意他在里海大学学习告一段落后去工厂实习。

徐僖是带着用五倍子生产塑料的课题到美国留学的。但是，美国并无以五倍子为原料制造塑料的工厂，而一些合成树脂工厂由于保密关系又不同意接受徐僖前往实习。徐僖先后联系了多家工厂，皆遭到了拒绝。有的工厂刚开始鉴于成绩要他，后来得知他是中国人时又不肯接收。1949年1月，徐僖经马克教授介绍，并由他提供担保，终于获得了到柯达公司精细化学药品工厂实习的机会。

美国伊士曼柯达公司（Eastman Kodak Company），简称柯达公司，由发明家乔治·伊士曼始创于1880年，是世界上最大的影像产品及相关服务的生产和供应商，是一家在纽约证券交易所挂牌的上市公司，业务遍布150多个国家和地区，全球员工约8万人。柯达公司在影像拍摄、分享、输出和显示领域一直处于世界领先地位。

柯达公司不仅生产照相材料，而且也是美国较大的有机化学药品、合成树脂、塑料制品制造商之一。总部位于美国纽约州罗切斯特市，设有精细化学药品工厂。柯达公司的这座精细化学药品工厂，是专门研究生产精细化工产品的。精细化工，是生产精细化学品工业的通称。它具有以下特点：品种多，更新换代快，产量小，大多以间歇方式生产；具有功能性或最终使用性，许多为复配性产品，配方等技术决定产品性能；产品质量要求高，商品性强，多数以商品名销售；技术密集高，要求不断进行新产品的技术开发和应用技术的研究，重视技术服务；设备投资较小；附加价值率高等。

柯达公司精细化学药品工厂生产的各种高级有机化学药品多达300种，该工厂也制造没食子酸和糠醛，这些药品皆是制造五倍子塑料的重要原料，与徐僖学习、研究的内容相关。因此，这样的工厂很适合徐僖的需要。

1949年年初，徐僖离开里海大学来到纽约罗切斯特的柯达公司精细化学药品工厂实习。他来到工厂的第一天，一位管理人员会见了他。

“唔，是个中国人！”管理员两手一摊，肩膀一耸，流露出蔑视的神气。该吃饭了，徐僖向饭堂走去，他被挡住了。挡住他的人用手一指说：“噜！”他顺着手指的方向看去，成群的黑人兄弟正向另一个食堂走。呵！这是有色人种的食堂。你要洗澡，要上厕所，都不能和“高贵”的白人在一起，必须进有色人种的澡堂、有色人种的厕所。

而且，许僖发现，工厂内几乎到处都有“禁止通行”或“禁止入内”的区域。四个多月的工厂实习，他们仅仅让徐僖熟悉成品包装以及为各研究室运送干冰和回收药剂的工作。工厂有许多车间与研究部门，一个人只准在一个部门工作，每个部门都各自有色彩分明的不同通行证，不允许到其他部门串门。徐僖自然不能例外，他也只能在一个车间里工作和走动。甚至徐僖每天进出厂门时，门卫都要对他进行严格的全身搜查。

进入工厂后，最初两三个星期完全当了杂工，开着电瓶车和一些工人整天运送原料、包装品，为各研究室运送干冰和领取药剂。但徐僖的求知欲望很强，在这一百多天的时间中，他想要掌握这家中试工厂的全部技艺，怎么办？他想了两条绝招：一条是与工程技术人员交朋友。临近下班时，他执行到各研究室回收药剂的工作，开着电瓶车到各车间门口去收垃圾，碰到下班出来的人，便热情地打招呼，聊几句，顺便问问车间的情况。一条是午餐时，他端上饭盒，去找其他车间的工程技术人员聊，在闲聊中学习化工知识。

徐僖说得一口漂亮的英语，人又勤快，是个招人喜爱的中国小伙子，受到了一大帮美国工程技术人员的青睐。人熟了，制度在他面前就放宽了尺度，他不时有了进入各车间、部门的机会。当监工不在场的时候，他们让他进入实验室，进入车间，还指着机器设备给他讲解。他也帮着看仪表，搬东西，看操作记录。他开动了大脑这部思维机器，思考着，记忆着，思维机器的运转达到了最高负荷。晚上，回到了寝室，第一件事，就是

徐僖（前排右四）在重庆兵工厂与同事合影（1972年）

打开打字机，把白天的记忆记录下来。记录下各种数据和公式，各种设备的品牌、性能等信息。

最重要的是，徐僖获得了在塑料车间跟班的机会。他在十余次跟班中，掌握了醋酸纤维、醋酸纤维薄膜和软片的成型产品检验方法，这对他后来从事研制高分子产品事业裨益不小。同时，徐僖通过与工人和技术研究员的接触，学习了一百余种特殊有机药剂的制备方法和操作技能。

久而久之，徐僖掌握了美国用在精细化工生产中的先进设备信息，并逐步形成用五倍子生产酚醛塑料中试实验的详细方案。学成归国后，他就开始了一生报效祖国的漫漫征途。

1.5 为军需装备的发展做贡献

徐僖是解放军原总后勤部（以下简称总后）军需装备研究所的常客，他时常被请去解决解放军装备的各种难题。

徐僖首先介入了非金属军用头盔的研究。

在弹片横飞的战场上，头盔是一种重要的单兵防护装备。现代战争战伤统计资料表明，爆破片及

徐僖在讲课（1979年）

徐僖60岁（1981年）

徐僖主持学术会议（1988年）

徐僖在太平洋地区流变学和聚合物成型学术研讨会宴会上致辞（1994 年日本京都）

徐僖执教纪念会（1994年）

直射弹对战场人员头部的伤害是战斗减员的主要原因，士兵头部受伤后死亡率高达45%。第二次世界大战中，美军因头部受伤而阵亡的人数占阵亡总人数的32.5%，远远高于身体其他部位受伤而阵亡的概率。抗美援朝战争期间，由于没有头盔防护，我军官兵头颈部战伤死亡率高达50.8%，约是第二次世界大战期间装备了头盔的美军战伤死亡率的1.6倍。

我军第一代头盔是20世纪70年代研制成功的GK80型钢盔，于20世纪80年代初装备部队。随着时代的发展，我军GK80型钢盔在防护性能、防护面积、佩戴舒适性等方面已不适应。于是，总后军需装备研究所开始研制我军第一代非金属军用头盔。在研制过程中，困难重重。他们使用的非金属材料制得的军用头盔，一打就穿，其性能与美军现役的PASGT头盔差距很大。总后军需装备研究所请来徐僖，请他出主意想办法。徐僖通过广泛查阅资料，认真研究，提出了使用复合高分子材料试制军用头盔的建议。

总后军需装备研究所接受了这个建议，并委托徐僖进行“非金属B型防弹头盔研究”。1996年9月至1997年12月，徐僖和他的主要助手施楣梧、徐闻，研制出适于制作军用头盔的高分子材料，这种材料的防弹性能完全可以同美军现役的PASGT头盔媲美。他们还完成了非金属B型防弹头盔研究总结报告，以供总后军需装备研究所研制非金属材料军用头盔参考。

从那以后，总后军需装备研究所经过十年攻关，终于研制出“QGF03”型非金属头盔。QGF03型非金属头盔性能非凡。防弹指标、防护面积和头盔重量，是衡量头盔优劣的三个“硬指标”。其中防弹指标至关重要，它决定了头盔的根本性能。而v_{50}值则是准确反映头盔防弹性能的一项重要指标，该值越大，头盔防弹性能越好。目前，我军QGF03头盔的v_{50}值是630米/秒，超过了美军现役的PASGT头盔的v_{50}值（609米/秒）。在54式手枪、51式标准弹和5米射距垂直入射条件下，该头盔的抗弹率为100％。

QGF03头盔的防护面积比GK80型钢盔增加了16％。这16％在战场上有着十分重要的作用。头盔的重量自然是越轻越好，而该头盔采用的防弹材料主要是徐僖发明的高分子新材料，重量比过去轻了不少。

总后军需装备研究所实验室进行了一次对比实验。参试头盔是我军新研制成功的QGF03头盔和美军现役的PASGT头盔。枪声过后，头盔上的弹孔无声地宣告：中国头盔无可争议地赢了。

徐僖还参加了总后的“军用鞋靴材料及99作训鞋研究”技术鉴定会。解放军使用了50年的旧式解放

徐僖在会议上致辞

徐僖承接福特公司委托的科研项目（2007年）

徐僖在辅导研究生（2011年）

徐僖在华南理工大学

胶鞋，现在被一种新型耐磨、舒适、透气防臭的新军鞋所取代。这种新军鞋，是由99作训鞋衍生发展起来的新系列作训鞋。它进一步完善了中国军用鞋系统，中国橡胶作训鞋由此进入新的发展阶段。99作训鞋现已全面装备部队，取代解放鞋。99作训鞋由总后军需装备研究所研制，鞋型设计吸收了旅游鞋、运动鞋的特点，增强了对脚踝和脚背的保护功能。与解放鞋相比，99作训鞋的抗菌防臭性也改进了很多，适合部队高强度作战训练时穿用。据部队战士反映，这种鞋特别硬，加厚的鞋底比老式解放鞋好了很多，抓地力极强。尽管99作训鞋不防水，但鞋面非常容易晒干。99作训鞋是一款承前启后的新军鞋，它继承了中国军用胶鞋的传统，也开创了高科技应用在军靴上的新纪元。在这些创新中，都有徐僖研制的高分子新材料的功劳。1996年9月至1997年12月，徐僖和他的研究团队完成了总后军需装备研究所“军服抗皱保型整理技术研究”；1998年1月至1999年3月，徐僖和他的研究团队完成了总后军需装备研究所“纺织品辐照改性加工技术研究”，为我军军服的更新换代做出了贡献。

徐僖和他的研究团队应用他们发明的独特的高分子新材料，还为我国的宇航事业做出了突出贡献。

尾声：成功人士的楷模

徐僖院士的一生，为我们提供了一个成功人士的楷模。徐僖院士认为，一个人的成功因素可以归结为四句话八个字：教育、勤奋、奉献、机遇。

教育：一个人没受过教育，就不可能摆脱蒙昧的原始状态，就没有较高的素质。我国实行科教兴国，就是从提高人口素质这个角度出发的。

1929年至1940年期间，徐僖先后在以现代先进教育体制下建立起来的名校上海光华大学附中、南京金陵大学附中、重庆南开中学，以及抗战时内迁贵州的浙江大学学习，他不仅夯实了包括外文在内坚实的科学知识基础，还获得了独立生活和开拓创新的能力，同时培养了炽热的爱国情怀。他一生都在为实践南开中学“允公允能”的校训而奋斗。

勤奋：这是一个人获得成功的前提条件。一个人无论在学术上和政治上取得了怎样引人瞩目、登峰造极的成就，他都不应该满足于现有的辉煌。成绩只能

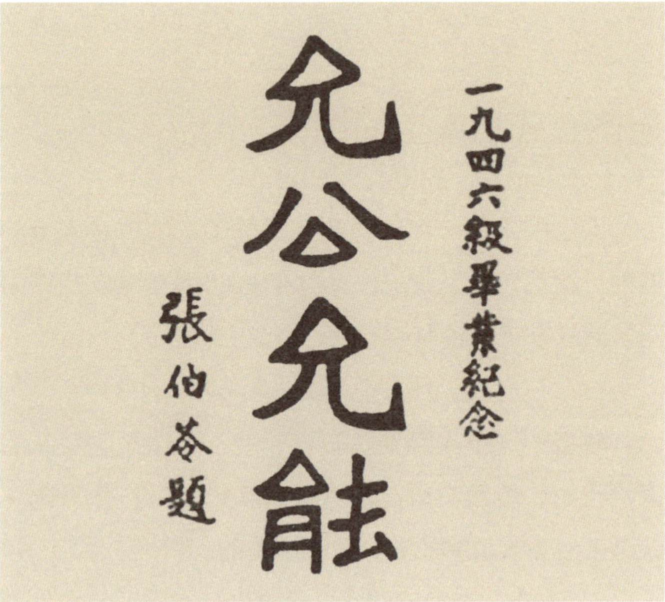

张伯苓校长亲笔题写的南开中学校训

代表现在和过去，关键是在鲜花与掌声中还能不能继续保持那种勤奋吃苦的精神。

奉献：一个有能力、有成就的人，不仅仅要为自己的前途而奋斗，更重要的是，他能不能把自己的毕生精力奉献给社会、报效给国家，回馈给所有养育过帮助过自己的人们。

机遇：一个受过教育、勤奋学习又具有奉献精神的人，如果没有机遇，或者说没能抓住机遇，也是不能成功的。然而，机遇并不是坐在那儿等你，而是你应该时刻做好抓住机遇的准备。一个有志之士，要能够耐住寂寞，要能够以平静的心态等待机遇，从而达到一种无为而无所不为的境界。

总而言之：成功=教育+勤奋+奉献+机遇。只有当你具备了这四个成功的因素以后，你的才华才有可能得到充分的发挥，你的成就才能够被社会所承认，那么你才能获得真正意义上的成功。

徐僖在实验室

◎徐僖的座右铭

人生的乐趣在于无私奉献。

饮水思源，助人为乐。

千锤百炼

中国工程院院士殷国茂的故事

◎ 院士简介

殷国茂，男，汉族，中共党员。1932年1月出生于山东省龙口市。1953年毕业于大连理工大学（原大连工学院）机械系。曾任成都无缝钢管厂总工程师、厂长，东北大学材料冶金学院教授、大连理工大学材料科学与工程学院博士生导师，中国金属学会理事、常务理事，钢管学术委员会主任、名誉主任，四川省金属学会副理事长等。是我国著名的轧管工艺与设备专家，为我国轧管工艺和设备的创新、设计、研究做出了突出贡献。曾获国家发明奖二等奖、三等奖。1986年被授予国家级有突出贡献的专家，1988年获全国首批优秀企业家称号，1995年当选中国工程院院士。

殷国茂

1.1 无缝钢管及其应用

通常人们使用的钢管分成两种：一种叫有缝钢管，一种叫无缝钢管。

什么是无缝钢管呢？无缝钢管是一种具有中空截面、周边没有接缝的管形钢材，主要形状为圆形、方形和矩形等。由于力是沿着材料表面分布

1982年殷国茂在成都无缝钢管厂“七五”规划可行性研究会上

的，所以空心的无缝钢管与实心钢材相比，在抗弯抗扭强度相同的情况下，重量较轻，是一种经济截面钢材。无缝钢管内外表面光滑，质地紧密，没有焊接缝，广泛用于流体、固体的输送和结构件、机械零部件的制造，也适合在高温高压环境中使用。与之相对应的，另外一种钢管叫有缝钢管，又叫焊接管，它是把钢板通过压、卷板机制成直线开口管体（也可把带钢通过辊式成型机轧成直线开口管体），或通过卷板机卷成螺旋形状开口的管体，然

各种规格的无缝钢管

轧制出来的无缝钢管在冷床上进行冷却（申江捷／摄）

后通过高频焊机将开口（接缝）焊接起来做成的钢管。无缝钢管在性能上、应用上同有缝钢管各有千秋。如做武器用的炮管或者枪管，做滚动轴承、液压缸等的钢管，就必须使用无缝钢管。

无缝钢管的生产过程比较复杂，要经过钢坯穿孔、毛管延伸、钢管定径三道轧制过程，缺一不可。经过穿孔机，轧管机，定、减径机三道工序的轧制，钢管才能最后成形。定、减径以后还需要对钢管进行冷却、矫直、切头、定尺等钢管精整工序，最后还要

钢包往100吨转炉中注入钢水炼钢（申江捷／摄）

2006年3月15日殷国茂（左）在厂长殷文忠的陪同下考察湖南衡阳无缝钢管厂的生产情况

根据工艺需要进行超声波无损探伤、水压试验、退火、淬火、涂漆、包装等处理，以满足社会的各种需要。有句成语叫“千锤百炼”。锤：用锤子敲打；炼：用火煅烧。这句成语形容优秀的品质必须经过反复多次的锤炼才能形成。所以，可以用千锤百炼来诠释无缝钢管的生产过程，这种锤炼成就了无缝钢管的优秀品质。

我国现在生产的无缝钢管，最大直径可达1000毫米以上，最小直径可达0.3毫米。无缝钢管的应用是非常广泛的。第一，广泛用于制造结构件和机械零件，如石油地质钻探管、轴承和液压缸汽缸等用的无缝钢管。第二，能承受高温高压的电力工业用锅炉管、石化工业用裂化管。第三，国防航空航天用的油管、炮管、枪管、潜艇潜望镜管、飞机起落架乃至导弹火箭用的无缝钢管。第四，建筑工程领域桥梁、钢结构等使用的厚壁异型无缝钢管。第五，医疗行业广泛使用的注射器针管、食品行业常用的清洁耐腐蚀的不锈钢管等。

下面，我们就来讲讲“中华第一杆”的故事。

1.2 生产更换“中华第一杆”

当天安门广场从晨曦中醒来，首先映入眼帘的是屹立在广场上的那根高耸云天、熠熠生辉的旗杆和猎猎作响的五星红旗。看到它的那一刻，心中就会油然升腾起一种中国人的骄傲和自豪。大凡国内外华人到北京来，都会起早赴天安门广场观看庄严的升旗仪式，翘首行以注目礼，让自豪幸福的暖流传遍全身。可是你知道吗？升旗台上那根铮铮发亮被称为“中华

中华第一杆

第一杆”的旗杆的管体，是由成都无缝钢管厂生产的，采用四根不同规格的、重达七吨、耐大气腐蚀的不锈钢无缝钢管，并由首钢工人师傅承担加工、焊接而成。从此这根银光闪闪、标志着国家尊严的旗杆就深深地植根于中国人民的心中！

光阴流逝，30年过去了，新换的旗杆不仅不用每年刷漆，而且比原来的旗杆高出10米，更加铮亮、挺拔、威严。

“中华第一杆”仅仅是成都无缝钢管厂职工为国家做出的一个小贡献。殷国茂作为成都无缝钢管厂的厂长、总工程师，在无缝钢管的科研、设计、生产、经营上，带领广大职工创造了许多个“中国第一”，从而载入中国无缝钢管发展的光辉史册。

1.3 为国争光，开拓创新

中华人民共和国成立以后，西方对中国实行经济封锁，限制中国工业的发展，特别是国防工业的发展。由于无缝钢管用途非常广泛，是国防建设不可缺少的重要材料，属于国防物质，所以当时西方国家禁止向中国出口无缝钢管。毛泽东主席十分关心我

1955年殷国茂（前排左三）在鞍钢无缝钢管厂组织厂机关团支部团员去千山开展团日活动

1956年5月4日殷国茂（前排右三）在鞍钢无缝钢管厂组织厂机关团支部团员和青年在鞍山219公园开展团日活动

国工业的发展和国防建设，提出了“自力更生，艰苦奋斗”的建设方针，并指示要大力发展中国的钢铁工业。在国家第一个五年计划和第二个五年计划（1953—1962年）中，无缝钢管都被列为国家重点发展项目，在我国“一五”计划期间，苏联援助我国建设的156个项目中就有无缝钢管。1953年10月27日，鞍钢无缝钢管厂轧制出中国第一根无缝钢管，并截下一段200毫米长的钢管作为样品，献给毛主席。由此可见国家对无缝钢管的重视程度。

2006年3月20日殷院士（左）在鞍钢无缝钢管厂考察时与其厂长在“中华人民共和国主席毛泽东关注中国第一根无缝钢管”的油画下的纪念照

在国际形势十分复杂和严峻的20世纪50年代，为了发展和保障中国无缝钢管生产基地的安全，国家从战略安全布局考虑，决定把中国的无缝钢管生产基地放在战略后方——大西南的成都。

带着希望与梦想，憧憬未来，殷国茂把做最好的无缝钢管作为毕生的追求，始终不渝地钻研无缝钢管生产技术，创造出多个“全国第一”和“世界第一”的优异成绩。

——1953年，殷国茂从大连工学院毕业后分配到东北鞍山钢铁公司无缝钢管厂。从此，他把自己的一生献给了中国的无缝钢管事业，从来没有离开过他心爱的无缝钢管。他在鞍钢工作时就已崭露才华，先后任技术员、调度、工程师、公司总轧钢室专职工程师等。其间，他提出并主研成功“在鞍钢140轧管机组上用减径方法生产大直径无缝钢管工艺及负公差控制轧制技术”，即使在减径机上生产钢管所用的坯料管尺寸加大，以提高产量；采用精细调整设备和生产工艺轧制出壁厚尺寸更精确的钢管以提高成材率（节约材料）。这两项技术革新，对工厂提高生产无缝钢管产量起了一定作用，其理论（生产同样尺寸的钢管要提高产量，就要采用大尺寸管坯；要降低成本、提高成材率，就要加强管理、提高技术、严格工艺、精确调整设备）对后来的无缝钢管生产设备（特别是多机架定、减径机、张力减径以及连轧管机等）的设计、制造的发展以及钢管厂的设备选用和生产发展都起了一定推动作用。

——1958年，殷国茂被国家派往匈牙利学习无缝钢管生产技术。

——1960年，殷国茂到成都无缝钢管厂工作。在外国专家突然撤走的情况下，指挥和领导设备的安装调试，建成我国第一套周期轧管机组，亲自操作试轧出我国第一根大口径的无缝钢管。

——20世纪70年代，殷国茂推导出的“216周期轧管机力能参数的数学方程式”（216是指轧机的规格型号，周期轧机是指轧辊旋转一周时孔型完成一个变化周期），比国外文献公式更准确，奠定了开发周期轧管机能力的技术基础，为生产国家急需的各种特殊钢管、石油套管等提供了理论依据。

——20世纪80年代，殷国茂参加主研成功的“SCL重载橡胶弹性安全联轴器”“拨轮式连续翻钢机”两项发明，分别获得国家发明奖二等奖、三等奖。前者各项技术经济指标处于世界领先水平，同时获得5国专利授权。

为了解决我国石油套管长期依赖进口，年年花费国家数亿美元外汇，严重受制于国外的现状，殷国茂决心要甩掉“洋管”这顶帽子，建立起属于中国自己的石油套管生产线。经过两次出国考察，殷国茂反复推敲提出的方案，与职工们日夜奋战15个月，在为国家节约投资750万元的情况下，建起了国内第一个具有20世纪80年代世界先进水平的数字化石油套管生产线，彻底扭转了中国石油套管依靠进口的不利局面。随后，经过国际石油套管质量认证权威机构API（美国石油协会）的认证，获得了我国冶金系统第一个API会标标志。从此，成都无缝钢管厂生产的石油套管远销世界，为国家赢得了荣誉。

轧机正在轧制无缝钢管（申江捷／摄）

圆坯连铸机生产无缝钢管用的管坯（申江捷/摄）

在石油套管生产线建设成功以后，殷国茂不失时机地瞄准了另一个目标：建设世界上第一套180精密热轧管机组和圆坯连铸机。

1986年，在殷国茂的主持下，成都无缝钢管厂、德阳第二重型机器厂、重庆钢铁设计院三方联合，同美国现代公司共同创建了华美钢管工程公司，签署了利用美国技术联合设计制造先进无缝钢管设备的许可证合同。

1986年春节殷国茂（左六）在平炉车间看望生产工人

1988年春节殷国茂（右二）给参加180轧管机设计制造工作的中外专家拜年

1981年殷国茂（右三）在现场向美国商业五金三角分配中心总裁介绍产品质量

1982年9月殷国茂（右二）同前来进行引进设备技术交流的德国米尔公司技术专家交谈

1989年秋，殷国茂率领70多名“精兵强将”飞赴美国，一场联合设计的战役打响了。殷国茂运筹帷幄，向伙伴们提出：“过去搞联合设计，外国人说了算，我们跟着转，这次我们要当好总协调，掌握主动权。”他从技术的高起点上创新，不断完善原设计方案。有时，为了一个“字”，他强忍住颈椎病的疼痛，从早到晚查资料，核实情况。与美方进行争论，直至获得节约数万元的胜利，可谓“一字值千金”！面对中方的这种精打细算，自以为“精明”的美国人叹道：“我们从来都没有像这样干过！”

回国后，殷国茂迅速组建起精干队伍，日夜鏖战。在多次的试车中，他总是亲临现场，常常工作到深夜。参加调试的美国人，对他这样习以为常的超负荷工作而索取极少的行为感到惊叹不解，称他为“钢管狂”。

他们哪里知道，殷国茂在走进厂长办公室时就曾立志：“国家要繁荣，就得拼命干；要不做出点什么，真对不起‘厂长’称呼，对不起‘国茂’二字。”

1992年4月3日，具有20世纪90年代国际先进水平的180精密轧管机组轧出了第一根高精度无缝钢管。日后，党和国家领导人，部、省级领导来180机组考察时，无不对这项起点高、投资省的项目给予高度评价。

这套具有国际先进水平的世界第一台短流程新型精密轧管机组，是该厂的技术人员利用美国技术（许可证），自己设计、制造的先进无缝钢管设备（当时国内尚不能生产的控制、检测和执行元器件是从外国购买的），并为国内多家企业所采用。在回顾这项工程的一个总结会上，殷国茂风趣地说："我们并不比美国人少长一个脑袋嘛！"

砥砺奋进，誓创辉煌。殷国茂亲自提出、决策和设计，实施了10多个起点高、国内和国际一流水平的技术改造项目，做出了创造性贡献。如全国第一个采用单板（计算）机在环形炉上实现钢坯加热温度优化控制；建立全国冶金特钢系统最早的化学分析中心，实施钢水化学成分的在线快速分析；全国第一个采用小型计算机和数据库实现无缝钢管生产全流程计算机管理，为我国冶金工业开创了崭新的一页。

在不断改革与创新中，在殷国茂的带领下，成都无缝钢管厂成为国内质量最好、品种最多、规格最齐、产量最高的无缝钢管生产基地，而且还成为无缝钢管国家标准制定单位之一。同时形成了以石油管为中心，以电站锅炉用管、液压支柱管、船舶用管、石化用管等高难度专用品种为主导的产品框架结构。其中有23个品种近300个规格的产品按国际标准组织生产，各项质量、特性全面达到或超过世界发达国家产品水平。

1.4 实至名归，当之无愧

殷国茂的成功是在一步一步的实践、探索、积累中取得的。青少年读书的时候是“跳级生”，可他职称职务的上升却是逐级而上的。他从技术员、工程师到高级工程师，走的是技术科长、副总工程师、总工程师、副厂长、厂长的阶梯之路。他说，这样的逐级逐步提升好处多，从下至上，从基层到决策层，了解情况多，心中有数，当了厂长更有发言权，不会犯“开黄腔”、瞎指挥的低级错误，给工作带来损失。由于他长期从事轧管工艺的研究和设计，也直接参与了钢管轧制的生产过程，在科研和生产等领域积累了丰富的第一手资料和实践经验。时间长了，他就成为轧管工艺与设备制造的知名专家。可以说这是水到渠成，实至名归，当之无愧。

殷国茂在成都无缝钢管厂担任厂长16年，攻克了无缝钢管生产过程的一道道难关，研制生产各种规

殷国茂经常在车间与工人师傅及工程技术人员交谈和讨论问题

格、品种的无缝钢管上万种。成都无缝钢管厂生产的产品覆盖医疗器械、石油化工、船舶、电站（包括核电站）、航空、航天、军事装备、机场和体育场馆、深海探测等领域。其中，船舶用管通过英国劳氏质量认证，飞机起落架、火箭炮用管、潜艇潜望镜升降管、井下液压缸用管被评为国家“金牌”产品。

殷国茂坚持自主研发与学习国外先进技术相结合的发展思路，把世界最先进的钢管技术通过转化设计为企业所用。在引进设备时，他从来不会引进全部成套进口的设备，而是坚持花最少的钱，只买国外设备的核心技术，自己完成设备配套。由他领导开展的多项大型技术改造，都是采用本企业与国外联合设计的方式进行的。

人才资源是第一资源。殷国茂深知，科研要出成果、出效益，离开人才便会一事无成。他始终牢记邓小平“尊重科学，尊重知识，尊重人才”的教导，十分注重企业的人才培养，围绕技术改造项目，派遣大批技术人员去美、英、德、法、日等工业发达国家学习或搞联合设计。同时，在厂内开办职工技术学校、职工大学和短期技术培训班，不断提高职工的技能水平。他还要求企业的人事部门到各地知名大学，引进大学教师和毕业生到企业从事科研工作，这其中不乏相当优秀的知识分子，从而使成都无缝钢管厂技术队伍不断壮大。当时，成都无缝钢管厂的钢管工艺研究所和设备设计研究所以及电子研究所，三个研究所的人员近千人，企业的新产品开发能力和设备装备水平不断得到提升，成为全国无缝钢管企业的排头兵。这笔财富后来也成了国家的财富——上海宝钢无缝钢管厂、天津无缝钢管厂建设时，都从成都无缝钢管厂抽调了大批技术干部去充实。

行行脚印，滴滴汗水，累累硕果。殷国茂当厂长时期，是成都无缝钢管厂最辉煌的鼎盛时期。由他带队研制和生产的无缝钢管品种多、销量大、辐射面广，效益不断增加。全厂1.6万余人，经济效益曾经在成都市大型企业中排行第一，每年上缴利税超过一个亿，为成都和四川经济发展做出了重要贡献。殷国茂用他卓越的智慧和才能，为成都无缝钢管厂的发展奠定了坚实基础，多项技术填补了我国的空白。

1991年成都无缝钢管厂跨入国家一级企业的行列。1992年获全国“五一劳动奖章”和“质量科技效益先进企业”称号。1994年被认定为全国100家企业（集团）技术中心之一。1995年被授予工厂质量认证证书。

1994年10月12日，时任中共中央总书记、国家主席江泽民同志在该厂视察时，感慨地对这位国家级有突出贡献的专家殷国茂说：“在目前的情况下，你们搞得很好，这很不容易啊！”他还说：“成都无缝钢管厂百闻不如一见，技术改造取得很好的效益。”

荣誉总会伴随着成功而至。殷国茂以锲而不舍的精神，几十年来一直坚持潜心专注研究无缝钢管，功夫不负有心人。

1983年、1985年殷国茂分别荣获国家发明奖二等奖、三等奖。1986年被国家科委授予“有突出贡献的中青年专家”称号。1987年被选为党的十三大代表。1988年被国家经委等授予“首届全国优秀企业家”称号。1991年经国务院批准为享受政府特殊津贴人员。1992年被评为四川省有突出贡献的科技专家。1995年当选中国工程院院士。这是他用博学、精研、汗水、付出换来的荣光。

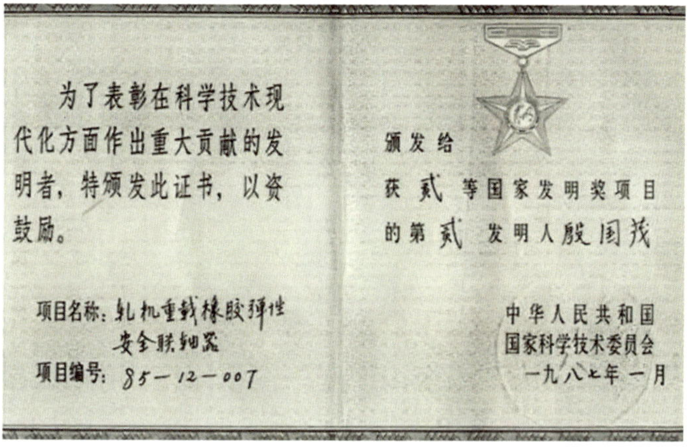
为了表彰在科学技术现代化方面作出重大贡献的发明者，特颁发此证书，以资鼓励。

项目名称：轧机重载橡胶弹性安全联轴器

项目编号：85-12-007

颁发给

获贰等国家发明奖项目的第贰发明人殷国茂

中华人民共和国
国家科学技术委员会
一九八七年一月

殷国茂获国家发明奖二等奖

1988年全国首届优秀企业家颁奖大会上的殷国茂（前排左一）

2010年殷国茂院士在中国国际管材大会上做《中国钢管工业的现状和今后发展》主旨报告

2011年11月殷国茂院士在中国金属学会轧钢学会钢管学术委员会六届一次会议上做报告

1996年12月，64岁的殷国茂按照有关规定，卸下了成都无缝钢管厂厂长的担子。退居二线后的他，老骥伏枥，壮心不已。他不仅以中国工程院院士、高级工程师的身份，继续为本厂工作；同时，还担任四川省金属学会副理事长、中国金属学会常务理事、东北大学材料冶金学院教授、大连理工大学博士生导师等，继续为社会发光发热。

名家大师门头上耀眼的光环桂冠，既不是天上掉下来的，也不是谁给恩赐的，而是他们一生锲而不舍、奋斗不息的结果。殷国茂的人生，就是他辛勤耕耘终成大器的人生。

1.5 勤奋好学，立志报国

1932年1月，殷国茂出生在山东省黄县（现山东省龙口市）殷家店的一个普通农民家里。他的父母生了两女一男，姐姐大他10岁，妹妹小他10岁。他的父亲殷有智在他3岁的时候，为求生计，去威海和大连打工，留下殷国茂与他母亲和姐姐三人。由于殷有智小时候读过三年私塾，加之失学后又自学了不少东西，后来被一家商店老板看中，商店老板觉得他心灵手巧、能写会算，而且勤奋诚实能吃苦，便让他当了自己的助手，负责管理商店账目。多一份工作，薪酬自然就比其他店员多一些，也会多些钱补贴家庭和殷国茂姊弟的生活。

当年的殷国茂，虽然家境贫寒，但等他长到七岁时，明智的父母仍然将他送往殷家店私塾读书，希望他长大后不要困在农村挨饥受饿没出息。有了文化可以到城市找份工作，谋求衣食。殷国茂懂事，很小就明白父母对自己寄托的希望。他暗下决心，不仅在学校认真学习，放学回家做完作业后，还主动帮妈妈做家务活。农村收小麦季节，他还去地里捡麦穗回家改善生活。邻居的叔叔婶婶们，都夸殷国茂勤奋懂事，长大后定能做一番大事业。

殷国茂住在殷家店农村时，还出过一次麻疹。因无钱请医生治疗，发高烧头发掉光了。所幸的是，脸上没留下疤痕。与殷国茂同时代的农村孩子，因出麻疹脸上留下疤痕的不在少数。殷国茂5岁时，15岁的大姐便出嫁了。1942年，10岁的殷国茂，便跟随母亲到大连与父亲一起生活。那时大连，早被日本侵略者侵占了，很不安宁。中国人没有权利独自办学校，大中小学都要受日本人的管控。殷国茂到大连后，插班读小学三年级。小学的语文、算术由中国教师教授。为了奴化中国人民，从小学一年级开始，都要由日本教员教日语。教日语的教师，也同日本官兵一样，以占领者自居，盛气凌人，不可一世。在大连读小学的殷国茂，亲眼目睹了日本侵略者对中国平民的残暴。从小便有了“读书救国强国”的抱负，立志早日学成，报效祖国。

1945年8月15日，日本无条件投降，大连解放。1946年他才考上初中，1947年就跳级进高中就读，1948年又跳级考进大连工业专科学校。进校不久，大

1944年小学时期的殷国茂

1953年殷国茂在大连工学院

1949—1953年在大连大学（大连工学院）校园及校门口

毕业生留影（第三排右起第十位为殷国茂）

连工学院成立，大连工业专科学校便作为大学预科并入大连工学院。1949年考入大连工学院，就读机械系机械设计专业。中华人民共和国成立初期，各行各业都急需人才。1953年，国家决定：大连工学院机械系七十多名学生提前毕业，三分之一的学生分往鞍山钢铁公司（简称鞍钢）工作。当年21岁的殷国茂，由于读大学时就加入了中国共青团，属于又红又专的优秀青年，首先选人的鞍钢自然看中了殷国茂。

从读初中到上大学，殷国茂来了个“三级跳”。

采访时我们问殷院士：“你这样连续跳级，读书跟得上吗？”“我从初中到大学连着跳级读，苦点儿累点儿那是很自然的。虽然每学期我没争到班上前三名，但班上十名左右我是保住了的。如果我要像其他同学那样按部就班地读，初高中各读三年，大学读四年，那我不是1953年大学毕业，而是要拖到1956年才能大学毕业，这样，我会晚为国家工作三年。中华人民共和国成立初期，早毕业早工作，对国家可以早做贡献啊！”殷国茂如是说，显示了他求学报国的志向。

1.6 好奇琢磨，刨根问底

好奇心是发明创造的先导。大凡中外的科学家艺术家，他们走过的道路，大多是沿着“十分好奇—苦心思考—日夜琢磨—不断探索—反复实践”而最后成功的。

采访中殷国茂给我们讲了两个故事。一个是，为什么一把钥匙只能开一把锁，而不能一把钥匙开几把锁？

20世纪40—60年代，乡村里的农民锁门、锁箱

殷国茂接受采访（何乃国／摄）

子、锁柜子的锁，都是比较大的，开锁的钥匙自然不会小。出门时身上要带几把钥匙，非常不方便。那个年代的农民，上山砍柴，下地干活，不像现在的城里人，都有一个手提包，钥匙、钱夹等物件往手提包里一放便出门了，既不怕丢失，又不会碍事。殷国茂见父母出门时，常常为带几把钥匙而发愁。

为解决一把钥匙开几把锁这一难题，少年殷国茂着实费了一番心思。他把家里大大小小的几把锁都拆坏了，翻来覆去捣鼓，不仅没解决一把钥匙开几把锁的难题，却留下了一堆破铜烂铁。好在殷国茂的父母知道儿子是好心办错事，尽管有点心痛，但也没有过分责备他，花钱去街上重新买几把锁了事。

第二个故事是，为什么子弹必须通过枪管才能打响，用别的工具能砸响子弹吗？殷国茂去大连前，家乡早已被日本侵略者侵占了。一次，殷国茂在放学回家的路上，捡到了一发步枪子弹，子弹壳随处可见，可没有打过的子弹却少见，几个小朋友将子弹传来传去都觉得稀奇。议论中殷国茂提出这样的疑问：“为什么子弹必须通过枪管才能打响，用别的办法就不能让他炸响发声吗？” 其中有个年龄稍大也很大胆的男孩说，不把它砸毁，落在小鬼子手里，他们又会拿去杀中国人。我家有铁锤，我回去取来砸。几个孩子听了都等着看铁锤砸子弹。

没过多久，大男孩果然取来了一个小铁锤。当他准备砸子弹时，一群孩子还躲了十多米远，胆小的还用手捂住耳朵，闭着眼睛，静候子弹被砸响，胆子大点的小孩就眼睁睁地看着砸子弹。只见那男孩一锤砸下去，在冒出火花的同时，子弹也发出了刺耳的爆炸响声，砸子弹的男孩一根手指被炸掉了，只见他扔掉铁锤，捂着流血的手哭了起来。胆小的见状一哄而散，跑回了家。殷国茂与几个胆大的忙跑过去帮助捂着伤口，将伤者扶回家。当时，乡下根本没有什么医院、卫生所，只有本村的郎中给包扎治疗，结果男孩就成了九根指头的人了。经过这次血的教训，孩子们捡到子弹便挖个坑埋起来，再也不敢用工具砸子弹了。

1.7 不忘国耻，立志报国

作为一个中国人，特别是经历过20世纪三四十年代的中国人，决不会忘记日本侵略者残暴入侵中国那段悲惨的历史。那段时间，山河破碎，国土沦丧，血雨腥风，人民遭殃，中国面临亡国灭种的危险。少年时期的殷国茂就亲身经历过日本侵略者的伤害，日本投降已经过去七十多年了，他至今回想起来，仍然愤愤不平，怒火燃烧。

1942年，年满10岁的殷国茂跟随母亲来到大连，那时的大连属于沦陷区，已经没有中国人自主开办的学校了。从小学到大学，都在日本侵略者的统管之下，而且都得学日语，目的是奴化中国人民，使之成为归顺日本侵略者任其宰割的羔羊。殷国茂就读的小学，也是日本人管制的。日本老师非常傲慢，对中国师生横眉冷眼，趾高气扬，盛气凌人，不可一世。中

讲到日本侵略者罪行，殷国茂怒火燃烧（何乃国／摄）

国师生既怕他们，也恨他们，一举一动，都要看日本人的眼色行事。稍不注意，就要遭受责骂，甚至被脚踢。殷国茂说，日本老师还让中国学生去他们家做家务、种菜、打扫卫生，渴了连口水也不给喝，成了他们任意驱使的小劳力。殷国茂回忆说，日本的大孩子还欺负中国小孩，我们中国的学生以牙还牙，打得赢就打，打不赢就跑。在我们小小的心灵里，就埋下了仇恨日本侵略者的种子，长大了一定要把日本侵略者赶出中国。从三年级读到五年级，1945年日本侵略者终于投降了。小学生也同大人一样，载歌载舞地欢庆抗日战争的胜利。

日本帝国主义投降后，苏联的军队接管了大连。在殷国茂幼小的心灵里，苏联人虽不像日本侵略者那样横行霸道，烧杀抢掠，但他们的军纪松弛，个别官兵放纵，骚扰中国百姓，有的抢百姓东西，他们把中国的一些物资往苏联运，他们运走了日本人来不及运走的军需物资，搬走工厂的机器，低价收购大连的木材与粮食等。对中国人说，即使是赶走了日本侵略者，国家没有统一的政府，主权没有保障，人民独立安稳的生活依然谈不上。殷国茂暗暗下定决心，一定要努力学好本领，将来为祖国的强盛做出自己的贡献。

1.8　身处逆境，奋斗不息

青少年时期的殷国茂，可以凭着自己的刻苦勤奋跳级读，但他1953年从大连工学院机械系提前毕业，分配到鞍山钢铁公司工作后，其技术职称和职务却是像爬楼梯一样，一个台阶一个台阶地升上去的。他在鞍钢工作时，当过车间技术员、调度、工程师。1960

年3月调往成都无缝钢管厂工作后，他也是从轧管车间筹备组组长、车间主任、技术科长、副总工程师、总工程师、副厂长、厂长，逐级晋升上来的。逐级升职的好处是，每个级别的工作他都干过，有切身的体验，当厂长不会瞎指挥，更有发言权，厂里的员工从心底里信服他，支持他的组织管理工作，这样他工作起来处处得心应手，游刃有余。

1966年，“文化大革命”爆发，党的知识分子政策遭到践踏，广大知识分子受到打击和压制。当时殷国茂已经当上了成都无缝钢管厂副总工程师。无一例

殷国茂（右一）在车间调研产品质量工作

外，殷国茂有在国外学习的经历，担任过匈文翻译和俄文翻译，跟外国人接触的时间多，又是技术权威，自然也算走资派，也得挨批斗。在学术权威前面给加上“反动”二字，成为反动学术权威。

身处“文化大革命”逆境中的殷国茂认为，自然界中的暴风骤雨，尽管来时雷霆万钧，汹涌猛烈，但它总是暂时现象，雨过天晴的日子终会到来。他相信“文化大革命”动乱也不会太长久，中国拨乱反正的一天一定会到来。“文化大革命”动乱只会乱党误国，唯有社会安宁，科教兴盛，才会强国富民。他深信，科学技术在中国总会有派上用场的一天。他最反感“四人帮”鼓吹的“知识越多越反动”，他深信“学问越大越精明”的真理。

为了不耽误大好时光，殷国茂常常是白天挨批斗，晚上照常钻研技术业务。在他的亲自指挥下，成都无缝钢管厂建起了我国第一套周期轧管机组，并试轧出了第一支无缝钢管。20世纪70年代，他推导出“216周期轧管机力能的技术参数”，80年代，他参加主研成功的两项发明，分别获得国家发明奖二等奖、三等奖。他决策设计，在成都无缝钢管厂实施了十多项起点高、国内及国际一流水平的技术改造项目，填补了我国冶金产品和技术空白，为成都无缝钢

成都无缝钢管厂钢管矫直机（申江捷／摄）

管厂发展壮大奠定了坚实基础。虽然时间已过去三十多年，现在厂里的员工们，提起殷厂长当年忍辱负重搞革新的精神，仍然赞不绝口。

殷国茂在成都无缝钢管厂第五次科技大会上讲话

◎殷国茂的座右铭

学习是基础，探索是动力，勤奋是成功之母。

◎殷国茂的兴趣爱好

年轻时喜欢打排球，现在喜欢散步、看电视。

◎殷国茂对青少年的希望

少年要勤学（文化和社会知识）、好动（运动和劳动）、打牢知识和身体基础。

青年要苦学知识（基础和专业）、勤练技能（专业、工作和生活），成为对国家和事业献身的贡献者。

大爱逆行

中国科学院院士崔鹏的故事

◎ 院士简介

崔　鹏

崔鹏，男，汉族，1957年8月7日出生于陕西省西安市。1982年毕业于西北大学，1985年在中国科学院成都地理研究所获硕士学位，1990年在北京林业大学获博士学位。曾任中国科学院、水利部成都山地灾害与环境研究所常务副所长，2013年当选为中国科学院院士。现任中国科学院、水利部成都山地灾害与环境研究所研究员，中国青藏高原研究会副理事长，中国水土保持学会副理事长，四川省科学技术协会副主席，第十三届全国人民代表大会代表，联合国减灾署与国际科学联合会“灾害风险综合研究计划”国际科学委员会委员、国际防灾减灾科学联盟共同主席等。

长期从事泥石流、滑坡、堰塞湖等山地灾害研究工作。在泥石流形成、运动和成灾机理研究中，初步建立土力类泥石流起动理论，深化泥石流运动阻力认识，阐明流量放大、输沙及其灾害链规律，揭示成灾机理。在减灾原理与方法研究中，建立基于起动机理的泥石流预测预报原理和方法，提出泥石流过程调控的灾害防治原理和方法，发展了山区道路和风景区泥石流治理模式与技术。揭示了汶川地震区泥石流、滑坡、堰塞湖等次生山地灾害的分布规律，提出不同空间尺度的泥石流风险分析方法和特大泥石流防治原理。

先后主持完成了国家自然科学基金杰出青年基金、重点基金、重大基金等项目，科技部973计划项目、中国科学院创新项目以及国际合作项目等30多项重大科研项目，先后获得国家科技进步奖二等奖、四川省科技进步奖一等奖、四川杰出创新人才奖、世界水土保持协会(WASWC)“杰出研究者奖”、中国科协“全国创新争先奖”等奖励和荣誉。

崔鹏介绍我国山地灾害的分布情况（何乃国／摄）

引子：灾难的启迪

我们所居住的世界风景秀丽，多姿多彩，自然美景与文化奇葩交相辉映，丰富多样的自然资源与生态环境滋养着人类繁衍生息。同时，我们的地球又像一匹躁动的烈马，各种圈层和动力作用的交织，导致地球内部与表层的剧烈变动，给人类带来了灾难性后果。火山、地震、海啸、洪水、干旱往往造成大范围灾难，损毁城市乡村和建设成果，造成数以万计甚至百万计人的流离失所、饥病交迫、生灵殒命，甚至改变人类社会的命运；就连一坡一沟的滑坡、泥石流这些小范围的突发事件，也会顷刻间吞没成千上万人的生命。

不平静的地球使得人类命运坎坷。人类也在认识地球规律、与灾难抗争中寻求和建设宜居环境，发展科技，创造文明和幸福生活。可以说，一部人类文明史，也是一部人类与自然灾害的抗争史。中华民族在与自然灾害的斗争中，流传着许多脍炙人口的寓言故事，如女娲补天、后羿射日等，涌现了灿若星辰的名人巨匠和上古先贤，成为中国文明与中华文化的源流。其中，大禹治水与李冰修建都江堰水利工程是中华儿女耳熟能详的故事。大禹（现在四川省汶川县城建有大禹雕像，北川县有禹里镇）根据山川地理情况，以疏导为主，因势利导，使得江河东流入海，终消水患，把九州大地变成肥沃的土地。他在治水过程中，根据自然灾害规律，治理泛滥洪水，创造了独特的农耕文明，形成了稳定的国家管理制度，建立了中国历史上的第一个王朝“夏”，开启了华夏历史的新篇章。

历史上，成都平原曾饱受岷江水患之祸，每当洪水泛滥，一片汪洋；一遇旱灾，又是赤地千里，颗粒无收。战国末期，秦昭王不堪蜀地灾荒频发、地瘠民贫、经年无赋的沉重包袱，命治水专家李冰为蜀郡太守治蜀。李冰因势利导，因地制宜，深淘滩、低作堰，建成了利在千秋的集防洪、灌溉、航运为一体的综合水利工程——都江堰水利工程，变水害为水利，使成都平原成为水旱从人、沃野千里的“天府之国”。至今灌区覆盖30余县市，灌溉面积近千万亩，是全世界迄今为止年代最久、唯一的延续2200多年仍一直发挥效益的宏大水利工程。都江堰水利工程彰显了中国古代劳动人民与水害作斗争的智慧，成为人类防灾治水的典范，被联合国教科文组织遴选为世界文化遗产。

无论是上古先贤，还是历代百家，都体现了防灾赈灾、安民兴邦的社会关切和理政要旨。中华人民共和国成立以来，党和国家更加注重防灾减灾，从毛泽东主席“要把黄河的事情办好”，到习近平总书记“防灾减灾、抗灾救灾是人类生存发展的永恒课题”，都指示要全面提高全社会抵御自然灾害的综合防范能力。中华民族生于忧患，是在与灾难作斗争中发展起来的，中国人民在面对灾难时有着与生俱来的奋发图强的精神。

进入21世纪，我国的防灾减灾救灾抗灾能力有

崔鹏在办公室工作（何乃国／摄）

了极大的提高，“有大灾而无大害”在中国已经不是神话，防灾减灾的中国经验、中国模式、中国技术不仅造福国人，而且惠及世界其他地方的人民。这里有历史经验和知识的积淀，有党和国家的高度重视，有为了人民生命财产安全而与灾难作斗争的科技工作者的辛劳奉献。在我们安享每日的幸福生活之时，在看到重大灾害期间奔赴减灾救灾第一线的逆行者时，我们不禁想到那些安全的守护者。他们有科学家、工程师、政府官员，也有乡村干部和普通民众、部队官兵，他们像天上的星辰一样，有闪光的精神、动人的事迹，更像哨兵一样时刻警惕睁大眼睛，关注灾害的异动，恪守保护人民安全的职责。我们多么想知道他们是一群什么样的人？有着什么样的心路历程？千粟一粒，可见一斑。在这里向大家介绍一位就在我们身边工作的科学家——崔鹏院士，他是无数不辞辛劳奔忙在山地灾害防治工作第一线的科技工作者之一，也是在成都工作生活了近四十年的成都人。

1.1 求学之路，笃志减灾

1957年8月7日，崔鹏出生在陕西省长安县（现为陕西省西安市长安区）。努力学习和勤勉家务是他从小学到中学的生活状态。学习之外，拔猪草，带弟弟，做家务，充实着他的青少年生活；到了春天，还要上树钩槐花和榆钱（榆树的果实），以度春荒。1975年，他从长安县高中毕业后，恰逢“文化大革命”期间大学停办，回乡务农担任生产队会计，他才充分了解到村情民情和农村生活之不易。此后，他作为青年突击队的一员，加入修建石砭峪水库（农田灌溉水库）队伍中，由于勤奋劳动成绩突出，被评为先进个人。他也曾经在村里进行农业技术革新，通过玉米杂交为生产队筛选和留存优良种子。

在生产能力低下的二十多年农村生活中，崔鹏感受到生活的艰辛，特别是灾年歉收对乡亲们的打击，产生了改变现状的懵懂想法。1977年恢复高考为他深造学习提供了机会。他复习备考，当时他身患严重的坐骨神经痛，一边治病，一边复习，但遗憾的是虽然上线，却未被录取。崔鹏没有灰心反而更加努力，一方面认真复习功课，另一方面积极锻炼身体。其间父母和亲友给予热情鼓励和无微不至的关怀，积极为他寻医治病。他在接下来的考试（恢复高考的第二年，1978年）中以高分考取了西北大学地理系，为全家带来了喜悦和希望。

入校后的第一件大事就是助学金申请，这对家境困难的学生来说，无疑是雪中送炭。助学金按照家庭困难程度依次分为甲、乙、丙三等。班里大部分同学来自农村，他考虑到长安县是西安市管县，情况比很多偏远县要好一点，就没有申请甲等助学金，只申请每月十七块五毛的乙等助学金，自己节约一点，能够维持学业。这一决定，也获得了父母的支持。

崔鹏同那个年代学业荒废多年后重获学习机会的所有大学生一样，像久旱逢甘露般如饥似渴地学习，希望尽量弥补缺乏的知识和错过的时光，“寝室—食堂—教室”三点一线，成了他们在校园里的基本生活轨迹。

在西北大学地理系专业课学习期间，崔鹏遇到了

2016年崔鹏和李昭淑老师讨论李老师刚出版的专著

2011年冬李昭淑（右）带助手在庙垭沟调查泥石流

影响他后来从业方向的第一位导师——李昭淑教授。李教授在地貌学领域造诣颇深，其课堂教学深入浅出，把抽象的地貌学讲得入理三分又通俗易懂；他非常注重带领学生到实地考察，将书本知识与实际地貌相结合，加深学生的理论理解；他更加注重用地貌学知识解决实际问题，将研究工作与野外实习相结合，让同学们看到地貌学的应用价值和找到解决问题的途径。崔鹏就曾经在地貌课学习期间，参加到李老师的课题中，研究蓝田县尤河水库流域侵蚀与水库泥沙问题，得到了科学研究的启蒙和初步训练。他协助李老师撰写的文章发表在《西北大学学报》上，第一次尝到了科研成果发表带来的喜悦。

李昭淑老师是陕西省泥石流研究第一人，陕西省第一部泥石流专著就是他的作品。每当泥石流灾害发生，他都会带着学生去灾区第一线，跋山涉水，考察灾害成因，分析灾害特征，为当地应急抢险和防灾减灾提出对策建议，也让学生在实战中增长学识。他还注重访问当地受灾群众，一方面从老乡那里了解更多灾害特征信息，另一方面嘘寒问暖，关心灾民的生活生计，当遇到特别困难的灾民时，他还用自己微薄的工资接济他们。当他认识到防灾减灾的共性问题时，就会撰写科学咨询建议，提交省、市政府和主管部门，他的建议对全省的防灾减灾工作起到了积极作用。崔鹏的本科毕业论文正是在李老师的指导下完成的。多次随同李老师考察泥石流灾害，不仅加深了他

当研究生的崔鹏在学习

对泥石流及其灾害防治的理解，使他对平易近人、诲人不倦、求真务实、热爱减灾、体恤灾民的李昭淑老师更加敬重，也使他树立了从事防灾减灾事业的初心。

李昭淑老师把防灾减灾作为自己终生追求的科研事业。即便在退休以后，他仍放不下科研工作，放不下陕西省的防灾减灾，放不下受灾害威胁的山村老乡。在年事已高不能申请科研项目、缺少经费的情况下，李老师仍坚持用自己的退休金去考察灾害，延续自己的研究工作。多年以来，陕西省重大灾害现场常常能看到李老师高挑清瘦的身影。到了晚年，他因病不能进行野外工作，便昼夜伏案，将原来考察的资料整理成册，作为后人研究的资料；他把自己一生的研究成果和减灾心得，汇集成书，指导防灾减灾实践。

崔鹏得知李老师在出版经费上遇到困难后，多方设法及时解决，实现了李老师的心愿。崔鹏感念李老师的为师、为学、为民情怀和高尚品德，为李老师的专著书写了《读后感》，而李老师却把《读后感》改作《序》，放在书的前面。崔鹏说，李昭淑老师是把防灾减灾融入自己血液的实务科学家，他的师德、学风、人品堪称典范，他虽是一名普通教师，然而却符合毛主席对白求恩大夫的评价："一个高尚的人，一个纯粹的人，一个有道德的人，一个脱离了低级趣味的人，一个有益于人民的人。"

1982年，崔鹏从西北大学毕业后，得知中国科学院（简称中科院）成都地理研究所（现中科院成都山地灾害与环境研究所）唐邦兴研究员是著名的泥石流研究专家，就报考了唐邦兴老师的研究生，攻读自然地理学专业硕士学位。读研期间，适逢中科院组织开展横断山科学考察，导师唐邦兴是泥石流考察队队长，崔鹏也自然成了考察队成员。在20世纪80年代早期到中后期，他常常跟随导师到泥石流灾害频发的四川、云南、甘肃等地做野外考察。

崔鹏跟随考察队几乎走遍了横断山的所有河川与山脉，考察了几百处泥石流流域，积累了大量的第一手资料，对泥石流、滑坡、山洪等山地灾害有了比较系统的认识。崔鹏深切感受到“读万卷书不如行万里路”，科学考察收获满满，学到了书本上学不到的知识和技能。他跟着唐老师学到了扎实的野外科学考察技能，从灾害调查、测量勘察、数据分析、图件编制、数学建模，到考察报告编写、防治方案制订、学术论文撰写，掌握了系统而坚实的基本功；他对泥石流形成机理、物理性质和防治原理有了更深的理解；考察期间他目睹了暴雨泥石流过后满目疮痍、民众流离失所的惨景，对自然灾害有了切身的体会，更加坚定了自己“减灾为民”的决心。其硕士论文《从地貌演变探讨泥石流发育过程》，开启了他三十余年的山地灾害研究防治之路。

唐邦兴老师不仅对泥石流认识深邃，而且更加注重灾害防治实践。在完成中科院横断山科学考察科考任务的同时，还着力解决受灾地方的防灾减灾问题。科学考察期间，每每遇到灾情严重或危害巨大的泥石流，唐老师都组织大家仔细考察，获取详细的灾情信息，深入分析灾害发育特征，提出防治对策，编写防治方案。回到成都，他便多方奔走，争取防治工程立项，解决灾区之急难。当主管灾害的省防汛抗旱指挥部批准立项后，他又组织队伍编制设计方案，协调当地政府组织实施，施工过程中常常亲临指导，确保工

1985年九寨沟原泥石流观测试验站（左一崔鹏、左三唐邦兴研究员）

程质量。崔鹏跟随唐老师团队参与了四川省金川县、茂县、黑水县等十多个县城乡镇的泥石流灾害治理，这些工程至今仍发挥着良好的灾害防治效果。

不仅如此，他们还成了防汛抗旱指挥部办公室的编外人员，每当遇到大灾发生，防汛办就第一时间通知唐老师随同考察，协助抗灾救灾应急工作，唐老师常常带着崔鹏参加。灾情就是命令，无论白天黑夜，无论雨雪阴晴，接到通知就立即出发。

灾害考察不仅艰苦，有时还伴随着危险。有一次，唐邦兴带领柳素清、刘世建和崔鹏考察泸定县城羊圈沟泥石流，在考察到沟谷中游段时，开始下雨了。下雨天考察泥石流沟是很危险的，沟深坡陡，人迹罕至，只能在沟坡间探路前行，万一泥石流暴发，后果不堪设想。看到下雨了，当地陪同的同志担心他们的安全，要求撤回县城，但为了查明灾害形成原因和今后发展趋势，制订合理可行的防治方案，他们却执意爬到上游泥石流形成区，测量泥石流形成区松散固体物质的数量，查明泥石流形成的条件。工作完成时已经天黑，雨路湿滑，他们一路上不知跌倒了多少次，当他们安全回到县政府招待所时，在招待所焦急等待的县长和书记才松了口气。

崔鹏跟随唐邦兴老师进行科学考察和灾害防治，不仅学到了灾害防治的知识技能，积累了实践经验，磨炼了攻坚克难的意志，而且明白了从事灾害防治科技人员的责任、使命与担当。

在横断山科学考察接近尾声进行总结时，崔鹏一方面协助唐老师汇总科学考察资料与成果，另一方面思考如何更好地认识泥石流规律，更有效地防治泥石流灾害。当时的泥石流研究与防治虽然考虑到了生态因素，但如何深化泥石流形成机理，从理论上把生态措施与岩土措施有机结合起来，形成综合防治原理与技术，还鲜有研究。认识到这是一个需要深入研究的新方向，崔鹏报考了北京林业大学（原北京林学院）的博士研究生，师从我国水土保持学创始人——北京林业大学关君蔚教授。

关君蔚先生早年在日本留学，由于参加爱国活动差点被捕。1941年怀着赤诚的报国之心，从日本辗转回国，投身祖国的科学研究和教育事业。他开创了我国水土保持学科和教育体系，创立了第一个水土保持专业、水土保持系和水土保持研究生培养点，共同创建了中国水土学会，奠定完善了我国防护林体系的科学基础和建设体系，创立了生态控制系统工程理论体系，成为国际知名水土保持学家。他还是1949年以来第一位泥石流研究与防治专家，1950年河北省宛平县清水河暴发泥石流，造成巨大灾难，关先生前往灾区考察，设立野外观测研究点，设计灾害防治工程，提出以工代赈解决防治工程经费问题。关先生提出适地适树、依据当地条件造林的理论与技术，为中国北方的荒山造林与生态修复提供了科技支撑。他倡导并长期担任科学顾问的三北防护林建设工程获得联合国环境规划署金质奖章。1981年四川长江洪灾后，关先生率先提出建议并推动长江中上游防护林体系建设，为保护长江做出战略性贡献。从国家先期的荒山绿化到防护林体系建设、水土保持和防沙治沙，在国家水

关君蔚院士做学术报告

土保持学科发展与生态文明建设的每一项重大工程和关键节点，都留下了关先生科研成果、睿智思想和责任担当的印记。关先生一生耕耘的水土保持科学与事业，已经成为国家生态文明建设的科学基础，支撑着国家战略的实施，惠及中华民族的当代和子孙。关先生被遴选为中国工程院院士、中国共产党优秀党员、全国优秀教师，是对他杰出贡献的肯定。

关君蔚院士治学严谨，一丝不苟，言传身教。他认为博士论文就应该有实质性突破，并为崔鹏确定了尚待理论突破的“泥石流起动机理”这一前沿科学问题；在崔鹏做博士论文期间，尽管关先生非常繁忙，但还是专门抽时间到做实验的九寨沟与崔鹏一起讨论实验方案，解决研究中遇到的问题；他还非常注重理论与实际相结合，对于给九寨沟景观生态和游客造成危害的泥石流，要求崔鹏把理论研究成果应用到灾害防治中；当崔鹏写完论文初稿，请导师修改时，对于把握不准的名词概念，关先生与崔鹏一起查阅《大英百科全书》力学篇，反复讨论斟酌；他还专门把崔鹏的毕业答辩安排在其研究区九寨沟，让答辩专家们不仅审查崔鹏的理论研究成果，还一并检查他的减灾工程应用效果。在关先生的悉心教导下，1990年崔鹏在北京林业大学水土保持系获得农学博士学位，1991年被国务院学位委员会和国家教委授予“做出突出贡献的博士学位获得者”称号（类似于现在大家熟知的全国百篇优秀博士论文）。

关君蔚教授的言传身教，使崔鹏在科学素养和个人修养两方面都得到新的洗礼和提升。关先生学为人师，诲人不倦，行为垂范，他的言行就是学生们治学为人的标杆，他倡导的知山知水、树木树人，成为北京林业大学的校训；他一生成果丰硕，贡献卓著，却淡泊名利，不为荣誉所累，体现出科学家的高尚品质和人格魅力；他学识渊博，高瞻远瞩，总是站在水土保持科学的最前沿，带领学科发展；他脚踏实地，

2016年12月崔鹏院士（左起第七位）出席中国科学院颁奖会

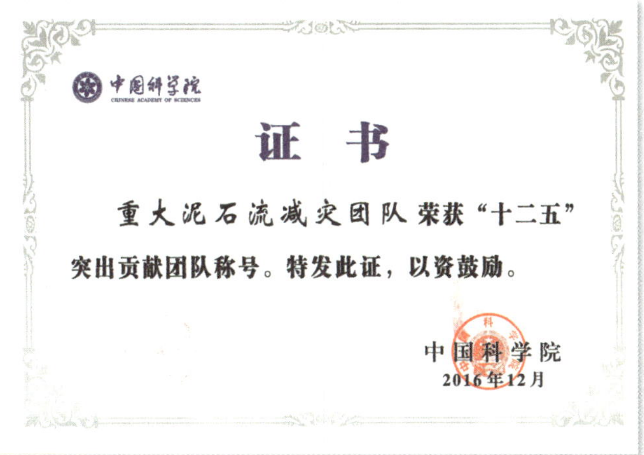

中国科学院
CHINESE ACADEMY OF SCIENCES

证　书

重大泥石流减灾团队荣获“十二五”突出贡献团队称号。特发此证，以资鼓励。

中国科学院
2016年12月

2016年12月崔鹏院士带领的重大泥石流减灾团队荣获中国科学院“十二五”突出贡献团队证书

走遍了祖国的大江南北，深入田间地头和农家小院，关心严重受灾和贫困区的民众疾苦，解决实际问题；他时刻关注国家需求，有着浓厚的家国情怀和道义担当，始终把工作重点放在国家最迫切、农民最需要的事情上。崔鹏自觉地把关先生作为人生航道的灯塔，在关先生百年诞辰纪念文章中写道："鹤发银丝映日月，丹心热血沃中华。关君蔚院士虽然仙逝人间，但他的大师风范如青山常在，其宝贵的科学思想与精神财富，成为后继者知山知水、树木树人、丹青山河的灯塔，景行仰止的高山。"

回顾自身的求学之路，崔鹏一直强调导师在他成长过程中的重要作用。无论是拨云见天、点石成金的学术指导，还是宽人律己、家国情怀的行为垂范，都在潜移默化中塑造着学生的学术和心志。崔鹏对他的导师们情感深厚，感恩不尽。

1994—1997年，崔鹏在美国伊利诺伊大学做高级访问学者，并在英国伦敦大学伦敦国王学院进行博士后研究。其间对山区间歇性河道干支流交汇处水沙交互作用及其河床演变规律进行了研究，研究成果得到了英国皇家学会的高度评价。完成国外学业后，崔鹏出于对祖国减灾事业的牵挂，没有留恋国外优厚的待遇和优良的研究条件，选择了回国工作。他觉得"为受灾害影响的山区老百姓做点事，是自己的本分”。1997年，崔鹏回到中国科学院、水利部成都山地灾害与环境研究所，继续开展泥石流等山地灾害的研究工作。

1.2 学用融通，减灾为民

崔鹏认为，对于应用基础性研究，一方面是对科学知识的认识、创造与分享；另一方面则是在国家需要时，科学家能够为国家解决实实在在的问题。研究山地灾害，要在认识灾害过程机理的基础上，不断研发防灾减灾的技术方法，不断在实践中验证。这种“理论认识—技术方法—应用验证”的螺旋式循环创新，使得学科发展和减灾实践得到了协同发展。

三十余年来，崔鹏专注于泥石流灾害研究，不仅提出了准泥石流体概念，确定了泥石流起动临界条件，在形成起动理论和运动成灾规律方面也有独到认识，还开创了一些学科的新生长点。他将自己的理论研究成果应用到防灾减灾实践中，带领团队研发出系列专利技术，形成全流域调控的泥石流灾害防治技术体系。

三十余年来，从青藏高原到阿尔卑斯山，从巴基斯坦到委内瑞拉，崔鹏总是出现在灾害防治一线，全

2008年7月10日崔鹏在汶川地震灾区对堰塞湖进行科学考察

身心地用脚步丈量每寸遭受到山地灾害影响的土地，用毕生心血守护着大好河山。

2008年5月14日，四川省汶川大地震后才两天，崔鹏就带领团队奔赴救灾一线。身边余震不断，在短短5天内，他们就考察了北川老县城滑坡和东河口、肖家桥、苦竹坝、唐家山等堰塞湖。同时，团队通过遥感调查发现了256个堰塞湖（因山体崩塌、滑坡堵截河谷形成的湖泊）。他们在野外期间就接到应急抢险指挥部的通知，要求开展堰塞湖危险性评估。他们以最短的时间提出评估指标和方法，筛选判定出34个风险较大的堰塞湖提交指挥部应急处置，其中就包括库容最大的唐家山堰塞湖。指挥部采纳了他们的堰塞湖危险性分析和风险排序结果以及应急处置建议，及时对17处高风险堰塞湖采取了紧急疏散与泄洪措施，确保了下游上万名救灾人员和当地居民的安全。

2010年甘肃省舟曲特大泥石流灾害发生后，崔鹏带领团队第一时间赶赴舟曲，他们的勘测数据及专业意见，为灾害工程防控提供了重要的决策参考。当时成因确定，但对搬迁或重建等重大问题难有定论，时任国务院总理温家宝在听完汇报后，采纳了他们的成因观点和灾后重建意见，及时部署了灾后重建工作，

2013年4月24日崔鹏（左一）率团队在芦山地震灾区开展次生山地灾害调查

各项工作迅速落实，产生了良好的灾后重建效果和灾害治理成效。

2013年4月20日芦山大地震发生后，当天下午，崔鹏就参与芦山地震灾情会商，连夜向四川省政府和中科院提交了芦山地震次生山地灾害研判与应急减灾的咨询建议。第二天一早，他又带领团队克服余震、滚石和交通堵塞等困难，深入地震灾区实地考察，查明了次生山地灾害的主要类型和特征，为后续救援和恢复重建提供了科学依据。芦山地震期间，崔鹏团队在灾区连续考察一个多星期。由于时间紧任务重，每天最多能休息五六个小时。“看到山坡上的滚石砸下来伤到人，我心里特别难受。”他常对年轻的科技人员说，“我们不一定能从废墟里救出多少人，但可以用科学的手段让更多的人避免遭受次生山地灾害的危险。”

“我们到底能够在应对灾害方面做些什么，这已经成为我做研究时首先要问自己的问题。”作为一名科研工作者，崔鹏始终强调肩上的责任。国家、人民遇到灾难，我们灾害研究者若拿不出解决办法，那要我们这些专家干什么？只有尽可能多地深入减灾现场开展工作，才能深刻认识到关键问题在哪里，背后的科学认知局限是什么，才能准确把握研究的方向、需要突破的科学与技术问题。这样，我们才能把对灾害机理和规律的认识，尽快应用到防灾减灾实践中。

1.3 保一方平安，护生态景观

我国是山地大国，山地面积占陆地总面积的2/3，山区人口占全国总人口的1/3以上。在青藏高原隆升和季风气候的背景下，我国地质构造复杂，地形起伏大，降水集中，山地特有的环境梯度使之成为泥石流、滑坡、崩塌、山洪和堰塞湖等自然灾害的发育区。

泥石流是在山区沟谷中携带大量泥沙石块的特殊洪流，是山区最具危害性的灾害之一。泥石流犹如狂暴的“泥龙”，暴发突然，来势凶猛，具有毁灭性的破坏作用，往往冲毁村镇房屋建筑和公路铁路桥梁隧道等设施，造成巨大的人员伤亡和财产损失。如2010年8月8日，甘肃省甘南藏族自治州舟曲县突降暴雨，引发县城北面的罗家峪、三眼峪暴发特大泥石流灾害，沿河房屋被冲毁，泥石流堵断白龙江，形成堰塞湖，致三分之一城区被淹，造成1765人死亡，208人失踪，133亿元直接经济损失，2万多人无家可归，是中华人民共和国成立以来最严重的一次泥石流灾害。

据调查统计，全国有1500多个县、7000多万人以

崔鹏荣获2009年国家科技进步奖二等奖

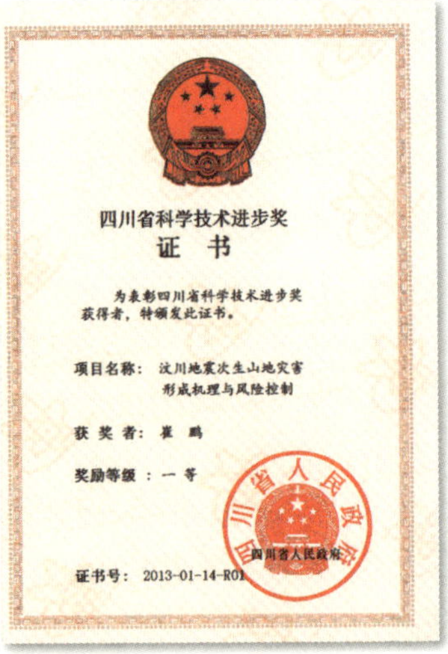

崔鹏荣获2013年四川省科技进步奖一等奖

及大量水电工程和公路铁路等重大工程受到泥石流、滑坡等山地灾害的危害和威胁，平均每年因灾死亡约500人，直接经济损失在千亿量级。山地灾害直接威胁人民生命财产和重大工程安全，成为制约我国山区发展的重要因素。

三十多年来，崔鹏团队在理论研究的同时，一直为山区减灾而努力。除了在20世纪80年代他跟随导师唐邦兴研究员开展了大量山区县城和乡镇泥石流防治以外，还带领团队开展山区道路、水电工程和风景名胜区的泥石流灾害防治研究工作。其中通过川藏公路的泥石流防治技术研究，提出的山区道路泥石流危险性评估方法、灾害多发区避灾选线原理与技术、道路泥石流防治技术等不仅具有理论和技术上的创新性，而且在西部山区公路和铁路减灾中被大量应用，获得了2009年国家科技进步奖二等奖。他们团队在金沙江下游乌东德水电站、白鹤滩水电站、溪洛渡水电站和向家坝水电库区的山地灾害与水土流失防治的研究成果，得到三峡集团的高度认可。在导师的带领下，崔鹏投入其中约十年的九寨沟泥石流治理是四川人十分

左：1984年冬崔鹏和导师唐邦兴研究员（左）在九寨沟考察泥石流

右：1998年9月崔鹏陪同施雅风院士（右二）、台湾中兴大学陈树群教授（左一）和水土保持局李镇洋先生（右一）考察九寨沟的泥石流治理工程

熟悉的研究工作。

九寨沟是嘉陵江上白水河的一条支流，因沟内有九个藏族村寨而得名。星罗棋布的海子如晶莹剔透的翡翠成串珠状镶嵌于沟道内，与山坡上色彩丰富的植被以及洁白的山峰交相辉映，构成了秀丽的人间仙境，被称为“童话世界”。

当你流连于九寨沟的美景时，可曾意识到，这里也曾因为山地灾害导致生态和景点损毁，威胁居民和游客生命安全？正是山地所的科学家们迎难而上，在防治灾害的同时，费尽心思将这里的美景维护如初。

九寨沟地质构造复杂，地貌类型多样，泥石流等山地灾害活动频繁并不断发展。景区内的33条泥石流沟，不仅威胁到景区内的公路交通和村寨安全，而且还破坏景点和生态，危害严重。

泥石流形成机理是泥石流防治中的基础理论问题，也是变灾后被动救灾为灾前主动防治的关键性难题。崔鹏经过潜心钻研，以树正沟为原型，现场实验100多次，形成了比较系统的泥石流起动理论。进而，在泥石流起动临界条件和起动模型的基础上，他又将研发出的“单沟泥石流起动的控制方法”成功应用于树正沟泥石流治理，并于2002年获得国家发明专利授权。这一方法后来又被应用到黄龙等其他风景名胜区

为表彰在促进科学技术进步工作中做出重大贡献，特颁发此证书，以资鼓励。

奖励日期：二〇〇三年

证书号：2003-1-0070

获奖项目：世界自然遗产九寨沟泥石流综合治理研究

获奖者：崔鹏

奖励等级：一等

四川省人民政府

崔鹏荣获2003年四川省科技进步奖一等奖

的泥石流灾害防治中。

结合九寨沟的特点，崔鹏还提出了风景名胜区泥石流防治原则和技术实现途径，创立了治灾工程外观与自然景观融为一体的新模式，形成了一套相对完整的风景名胜区泥石流治理的理论与技术体系，出版了专著《风景区泥石流研究与防治》。经过长期的跟踪调查验证，九寨沟泥石流的综合治理效果显著，有效地保护了树正群海、犀牛海、静海、熊猫海等知名景点以及诺日朗游客中心。通过退耕还林保护了生态，灾害治理成果成为九寨沟申报世界自然遗产的重要内容，有力支撑了九寨沟“申遗”工作，其成果还获得了2003年四川省科技进步奖一等奖。

1.4 心中有爱，临危逆行

从事山地灾害研究的三十多年来，崔鹏的足迹遍布中国西部山区，就连国外的一些重大灾害现场，也留下他的身影。他带队考察了汶川地震、芦山地震、九寨沟地震、舟曲泥石流、白格滑坡堰塞湖以及发生在中国山区数不清的山地灾害，积累了丰富的第一手资料，有助于对灾害演化规律与成灾机理的深入认识；他也从灾害现场总结出减少损失的应对之策，为灾害应急处置提供了有益的经验，服务于重大灾害的防灾抗灾救灾。

这些数据、经验和减灾成效的获得，是非常不易的，也是需要勇气的。试想，当灾难来临，人们第一时间的反应就是撤离到安全的地方，政府灾害管理人员和减灾科技人员的职责，也是第一时间让尽可能多的人脱离危险，并得到妥善安置。但是，灾害发生后，当人们向安全的地方撤离时，他们却向着灾害现

1999年12月16日委内瑞拉瓦尔加斯州一幢建筑被泥石流冲毁

2000年1月20日崔鹏（左一）与委内瑞拉科技部部长Carlos Genatics博士（左二）等讨论委内瑞拉特大泥石流灾害的减灾事宜

2010年3月31日崔鹏（右二）和中巴喀喇昆仑公路项目负责人考察巴基斯坦喀喇昆仑公路灾害

场进发，成为一群迎灾而行的逆行者！这些逆行者，不仅要有解决问题减灾救难的知识技能，还要有面对灾难勇于担当的责任和勇气。2015年4月25日，尼泊尔8.1级地震发生后，崔鹏带领中国科学院专家组在最短的时间里办好出境手续，奔赴尼泊尔进行科技救灾。当他们登上飞往加德满都的飞机时，偌大的飞机上仅寥寥数人。乘务员问崔鹏，你们是去接侨的吗？崔鹏回答，不，我们是去应急减灾的。乘务员诧异地说：现在去的人大多是接侨的，飞机去程基本是空的，回来是满客。余震很厉害，很危险，大家都在逃离灾区，你们还要去灾区工作，一定很有爱心。的确，从事减灾的人首先要有大爱，要有仁爱之心，要有职业责任心，有了大爱，有了责任心，也就有了勇气逆行。

不仅在重大灾害发生之际，在日常的灾害考察期间，也会遇到危险。2008年11月中旬，崔鹏带领考察队在汶川地震灾区考察地震次生山地灾害。一天下午，他们从茂县凤仪镇出发，沿着刚刚修通的省道S302赶往北川县禹里镇。出了凤仪镇上山，走到半山就开始下雪了，到垭口雪就更大了。大雪封山，气温骤降，坡陡路滑，行车困难。他们乘坐的越野车，常常一滑就是几米十几米，天将黄昏，视线不好，又加上浓雾锁山，司机看不清路况，行车非常艰难和危险。如果不能赶下山，在这前不着村后不着店的山上过一晚也是很危险的。他们一行三辆越野车，两辆有防滑链，一辆没有。危急时刻，崔鹏重新调配三辆车的乘员，让考察队员都挤到带防滑链的车上，他一个人沉着镇定地坐在没有防滑链车的副驾驶座位上，一边给司机鼓劲，一边给司机看路，晚上十点终于走出了危险路段。

像这样危险的科学考察经历还有很多，如地震以后避让飞石、路上遭遇泥石流、乘坐汽艇穿越金沙江激流险滩等，每一次他们都能化险为夷，并完成科学考察任务，这些都得益于崔鹏和考察队员们丰富的野外工作经验，得益于经验丰富、责任心强的驾驶员。

正是有像崔鹏这样的一大批心怀大爱的逆行者，我们才能免受灾害的危害，过着平安的生活。

1.5 携手国际同行，服务“一带一路”

自然灾害是全世界人民共同面对的挑战，防灾减灾是全球关注的生存与发展课题，也是构建人类命运共同体的重要内容。

崔鹏认为中国人要做好自己的事情，也要有国际视野。他认为中国人的创新成果，也要为其他国家的减灾服务，用中国的减灾知识和减灾技术为国外特别是第三世界国家解决灾害风险问题。

早在1999年年末，南美洲委内瑞拉暴发大规模群发性泥石流，冲毁加勒比海沿岸5座城市，死亡3万余人。崔鹏带队奔赴灾区考察，向委内瑞拉科技部和环境部介绍中国的减灾经验与技术，提出有针对性的减灾方案，中国的灾害防治理念和方案得到肯定和采纳。委内瑞拉时任总统查韦斯访华时，专门向中国领导人表示感谢。

2010年1月，巴基斯坦北部洪扎河谷发生特大滑坡，堵断主河道，形成堰塞湖，把中国路桥集团正在援建的中巴喀喇昆仑公路堵断，淹没25公里刚刚建成的路基和桥梁，不仅使公路改扩建工程无法进行，而且中断了中巴陆上交通，严重影响了中巴贸易。受中国路桥集团邀请，崔鹏带领团队对滑坡和堰塞坝进行深入考察和勘测，以及溃决危险性评估和溃决洪水风险评估，评估结果得到中国路桥集团和巴基斯坦公路局的认可。随后又应邀编制减轻风险的工程设计，实施后不仅节约了投资，而且保障了中巴喀喇昆仑公路的畅通，被写入2013年李克强总理访巴期间发布的两

2006年冬崔鹏在尼泊尔乡村调查灾害风险时与当地居民合影

2015年5月3日崔鹏院士向尼泊尔副总理介绍地震灾害遥感调查与线路考察阶段性成果

国联合公报。

2015年4月25日，尼泊尔发生8.1级大地震，造成8786人死亡，直接经济损失达310亿美元。灾情发生后，在中国科学院的部署下，崔鹏带领11位地震、遥感、地球物理、地理等方面的专家驰援尼泊尔，是第一批抵达的外国灾害研究专家团队。抵达震区后，专家组立即开展工作，兵分三路开展野外考察和遥感调查。在短短11天的时间内，专家组完成了灾害调查和危险性分析，撰写了英文、中文地震次生灾害调查与风险评估报告，给出了明确的调查结果、评估意见和咨询建议，分别提交尼泊尔政府主管部门和中国大使馆。报告为尼泊尔的抗震救灾减灾工作提供了宝贵的科学依据和对策，受到尼泊尔政府的重视和好评。

共建“一带一路”国家自然环境差异巨大，涉及高山、高原、海岸、丘陵等自然灾害活跃区和高风险区，灾害活动频繁，灾害损失巨大。但沿线国家大多经济欠发达，防灾抗灾能力弱，频发的自然灾害严重影响民生安全，制约社会经济发展。联合国灾害数据显示，共建“一带一路”国家遭受自然灾害损失是全球平均值的2倍以上，南亚、东南亚国家百万人口年死亡数甚至是全球平均值的10倍。

2016年，中国科学院批准设立由崔鹏院士牵头的

“‘一带一路’自然灾害风险与综合减灾国际研究计划”。崔鹏带领项目组主动“走出去”，与共建“一带一路”国家的科研机构广泛交流合作。项目组针对南亚、中亚和中东地区不同的灾害特点，开展实质性合作研究，取得减灾实效，深受当地政府与学术界欢迎。项目组还编制了灾害风险地图集，得到联合国减灾办公室的高度认可。

在崔鹏团队的不懈努力下，共建“一带一路”国家的科研合作伙伴逐渐增多，多国协同的合作研究与协同减灾机制取得进展。2018年11月3日，设于伊斯兰堡的“中国-巴基斯坦地球科学研究中心”正式成立，在国务院总理李克强与巴基斯坦总理伊姆兰·汗的见证下，中国科学院白春礼院长与巴方领导正式签约，崔鹏被任命为第一任中方主任。

“一带一路”防灾减灾工作得到了国际上的广泛关注。2019年5月11—12日，以白春礼院长任大会主席、崔鹏任组委会执行主席的“一带一路”防灾减灾与可持续发展国际学术大会在北京举行。大会由中国科学院、中国科学技术协会、联合国环境署、联合国减灾办、“一带一路”国际科学组织联盟共同主办，中科院成都山地所牵头承办。大会吸引了40余个国家和地区的1000余名专家学者参加，联合国秘书长减灾

2019年5月11日崔鹏院士作为大会执行主席在“一带一路”防灾减灾与可持续发展国际学术大会上做开幕式主旨报告

2019年5月11—12日“一带一路”防灾减灾与可持续发展国际学术大会在北京举行

事务特别代表水鸟真美女士发表视频贺词。大会产生了很好的国际影响，与会代表达成共识，决定携手共建科技协同防灾减灾机制，发表了《“一带一路”防灾减灾与可持续发展北京宣言》，发起成立“国际防灾减灾科学联盟”。相信北京宣言会凝聚力量，科学联盟会搭建平台，“一带一路”防灾减灾将会成为各国人民的共同事业。

1.6 心系减灾事业，培养后继人才

事业的未来永远属于年轻人，特别是对科技事业而言。每一代人都是在前人积淀的基础上再向前迈步，以拓展未知的领域。

20世纪末，崔鹏初带团队之时，他以获得的中国科学院项目科研经费为基础，带领青年科研骨干总结以往成果，梳理科学问题，积极争取国内外科研经费，不断改善科研条件，一个个瞄准学科前沿的研究相继展开。在这个过程中，刚进所的青年人得到了科学思维的训练，也得到了进行深入研究的机会，并展露出各自的才华和特长。

还有一段时间，山地灾害研究领域人才结构出现

2001年10月2日崔鹏（左一）给研究生讲解泥石流考察及野外知识

断层，老一批有经验的科学家即将退休，中坚力量在当时非常缺乏，年轻的大多又刚从学校毕业，还不能独当一面，后继乏人直接影响到山地灾害学科的继承和发展。崔鹏根据团队的知识结构，和青年科技人员商讨并进行了总体规划，让他们一人定一个方向，不做重复研究。

为避免出现人才断层，崔鹏安排所里35岁以上的青年学术骨干做课题负责人，35岁以下的青年学者做专题负责人，把经费分给他们，也把责任交给他们，使得他们在实践中既锻炼了课题组织能力，又培养了独当一面的责任感。同时，他为各课题组配备一位55岁以上的资深专家，既保证项目高质量完成，又起到“传帮带”作用，实现知识与研究经验的传递。这项措施促进了一批青年科技人才的快速成长，使之逐步成为研究所的骨干力量。

崔鹏还鼓励团队人员“走出去”，走出研究所局限、走出专业局限，促进学科交叉，不断完善自己的知识结构。如胡凯衡研究员，大学毕业进所后就在崔鹏的指导下从事泥石流动力学与数值计算等工作，并跟随崔鹏攻读自然地理学的硕士学位。根据学科需要和青年人才发展特征，胡凯衡把泥石流动力学定为自己的研究方向，并提出要接着读崔鹏的博士研究生。崔鹏考虑到胡凯衡本科具备了数学知识（四川大学数学系毕业），硕士学习了地学知识，还应该补充力学知识，便鼓励并支持他报考北京大学湍流力学研究国家重点实验室的在职博士。

对于做研究，崔鹏认为：不论是基础理论研究，还是围绕国家需求的应用研究，都始终应以创造新的知识为宗旨，切忌花拳绣腿。他常对年轻人说，做科研不要怕坐“冷板凳”，认准了一个方向就坚持把它

2013年9月15日崔鹏考察川藏线318国道噶玛沟孕灾条件

做下去，做到底。只有不断积累，才能厚积薄发，才能在关键时刻发挥作用。

崔鹏非常注重野外工作，注重第一手信息和数据的获取，他说大自然是天然实验室，是我们灾害研究人员的第一课堂。他有着丰富的野外工作经验，并随时注意把野外工作经验传授给年轻学者，同时启发青年人面对自然现象进行深入思考，提高他们的观察能力、理解能力和探究现象背后科学问题的能力。郭晓军助理研究员说，令他印象深刻的是，每次去野外科考，只要有泥石流或山洪暴发的痕迹，哪怕是泥痕、漂砾（冰川或泥石流带来的巨大石头）这些证据，崔老师都会捕捉到，给大家讲解，并启发大家思考。

在崔鹏的课题组，每周都会开例会，让大家把收获、经验、困难和问题带到会上交流分享，这已经成为惯例。他对学生的学习很重视，从学生的选题、开题、中期、预答辩到期刊论文和毕业论文撰写等，每个环节都反复研讨，周到安排，一起修改。他更希望学生要有团队协作精神，有机协同的团队是做好科研的基石，学会团队作战以及组织团队作战是研究生阶段的必修课。他还非常注重学生个人修养的提高，“修身、齐家、平天下”，做一个有修养、有理想、有情怀的人。

在学生们的眼中，崔鹏在严谨中还透着慈爱。在生活上，学生们如果碰到问题，第一个会想到给崔老师打电话。身边的工作人员工作生活上有需要时，他也会积极给予帮助。一位经常陪同崔鹏出差的司机，在孩子高考填报志愿时给他打电话，崔鹏在询问了孩子的分数与学习兴趣后，认真帮司机分析哪些专业比较适合培养孩子的发展方向。

他很关注学生的成长，始终强调年轻人要有独立的思想与看法。求学几年，不仅仅是发表几篇文章，

2011年9月27日崔鹏在日本东京联合国大学的第五届国际防洪大会上做特邀报告

最重要的是获得认识、分析、解决问题的能力，培养自己的情操，掌握安身立命、报效国家的本领。

崔鹏为青年人才的能力培养提供学习和锻炼的机会，培养了一批青年才俊，为山地灾害学科发展做了较好的人才与知识储备。他说："人才与团队是科研的根本，只有青年人一个一个地成长起来，研究工作才能做得越来越好，我们的事业才能继续。"

1.7 使命神圣，负重前行

2018年，崔鹏当选第十三届全国人民代表大会代表。这对他来说，是进一步加强学习、提高政治觉悟的机会，是国家和人民的信任，他感到责任重大，使命光荣。今后，不仅要做好自己的科学研究工作，解决防灾减灾的实际问题；还要站在国家全局层面思考问题，关心国家减灾战略，提出建议和议案，为国家防灾减灾科学进步和全社会防灾减灾抗灾能力的提升、减轻灾害风险、构建韧性社会、保障人民生命财产安全与社会经济发展做出自己应有的贡献。

担任人大代表以来，他多次参加咨询调研、执法检查、科普宣传，积极建言献策，撰写建议和议案，反映民众心声，为保障民众安康、促进国家减灾事业发展做了有益的工作。他提交的“关于推进《应急管理法》立法工作的议案”得到全国人大法工委和应急管理部的认可，并安排推进实施工作；他会同五位代表提交的“关于控制室内装修挥发性有害物质污染，保障人民身体健康的建议”，得到住建部、工信部和市场监督总局的采纳和积极回应，并安排具体实施措施；他联合多位代表提交的“关于做好新时期长江流域水土保持和生态建设的建议”，得到水利部的积极回应；他提交的“关于建设防灾减灾与可持续发展国家科技创新平台，支撑‘一带一路’倡议和国家发展战略的建议”，也得到应急管理部的积极回应并计划推进。

党的十八大以来，党中央非常重视防灾减灾工作。习近平总书记指出，“同自然灾害抗争是人类生存发展的永恒课题”“加强自然灾害防治关系国计民生，要建立高效科学的自然灾害防治体系，提高全社会自然灾害防治能力，为保护人民群众生命财产安全和国家安全提供有力保障”，并提出防灾减灾救灾的三个转变，即努力实现从注重灾后救助向注重灾前预防转变，从应对单一灾种向综合减灾转变，从减少灾害损失向减轻灾害风险转变。

防灾减灾救灾的“三个转变”给减灾科研人员提出了新的课题，也是未来我国防灾减灾的指导思想和战略方向。崔鹏感到肩上的担子更重了，他认为“三个转变”要求我们要深入研究灾害规律，解决减灾技术瓶颈背后的深层次科学问题，从源头上发展防灾减灾救灾的关键技术，形成一套从灾害预测、预报、预防到综合治理，再到社区灾害风险的管理的技术和方法，把减灾关口前移，更加注重综合减灾与风险管理。我们不仅要基于研究结果发表学术观点与科学认识，更重要的是把研究成果运用到防灾减灾实践中去，在国家防灾减灾工作中发挥作用，把论文写在祖国的大地上。

由于特殊的地质构造、地貌格局和气候条件，我国是一个自然灾害类型多样、暴发频繁、危害严重的国家，防灾减灾任重而道远。而生于忧患的中华民族具有防灾减灾的经验、智慧和勇气。更好地探索和发现自然灾害规律、预知灾害风险、科学减轻和管理风险、保护好人类的生存环境、构建韧性社会，是当代防灾减灾工作者努力的方向，也是我们神圣而光荣的使命！

尾声

崔鹏认为，山地灾害研究是一个“冷门”专业，看起来不是那么时髦。但防灾减灾工作是非常重要的事情，也是非常艰难的事情，涉及多圈层作用、多过程耦合、多相介质行为，涉及自然科学与社会科学的结合。从事和做好减灾研究，需要多学科的知识交叉与融合，需要扎实的地球科学知识，也需要数理和工程科学知识，还需要人文社科知识，同时还要有耐得住性子和坐得住冷板凳的精神。

随着社会经济的发展，随着人民对美好生活的向往，国家越来越重视防灾减灾和生态环境保护工作。与此同时，国家也需要更多的防灾减灾专业技

2019年年底崔鹏院士与四川大学灾后重建与管理学院院长、联合国教科文组织原自然科学助理总干事Gretchen Kalonji教授共同担任国际防灾减灾科学联盟主席

术人才。这是社会的呼唤，时代的呼唤。崔鹏表示，当我们选择了这个职业，从事了这项工作，利用自己所学的专业知识，提出并实施了科学的防灾减灾方案，保护了人民的生命财产安全、保护了生态环境、保障了重大工程安全时，我们会自豪地感到自己是一个对国家对社会有用的人。希望有更多的青少年长大以后能够热爱这个专业，投身到减灾事业中，在防灾减灾的广阔领域中有所作为，让激扬的青春挥洒在祖国的高山大川！

崔鹏出席有关会议

◎崔鹏的座右铭

做人做事做学问，尽心尽力尽职责。

◎崔鹏的兴趣爱好

喜欢自然和读书。

◎崔鹏对青少年的希望

希望有更多的青少年，长大后投身到防灾减灾事业中。

后记

习近平总书记指出："当科学家是无数中国孩子的梦想，我们要让科技工作成为富有吸引力的工作、成为孩子们尊崇向往的职业，给孩子们的梦想插上科技的翅膀，让未来祖国的科技天地群英荟萃，让未来科学的浩瀚星空群星闪耀！"为了向广大青少年宣传介绍"两院院士"（中国科学院院士、中国工程院院士的统称）爱国奉献、不断创新、追求卓越的精神和他们成长成才成就的感人事迹，成都市科学技术协会成立了《院士的故事》编委会和编写组，并于2018年6月编撰出版了《院士的故事》第1集。

《院士的故事》的主要内容包括院士的简历和成就概述，院士的故事（学习、成长、工作中的精彩故事），院士的工作、学习、生活照片，以及院士的座右铭、兴趣爱好，院士对青少年的寄语和希望等。

《院士的故事》第2集编写了赵仁恺、宋文骢、徐僖、殷国茂、崔鹏等五位院士的故事。由编写组张志群、董仁威、冯本超、申江捷执笔撰写，其中赵仁恺、宋文骢、殷国茂、崔鹏的第一稿由张志群执笔，徐僖的第一稿由董仁威执笔。定稿前，谢正德、何乃国对文稿进行了全面修订。

在《院士的故事》第2集的采编过程中，我们得到了殷国茂院士、崔鹏院士的大力支持，他们对文稿进行了精心修改；中国核动力研究设计院科技委和办公室给予了热情支持并提供了《赵仁恺传》一书，赵仁恺院士的儿子赵明提供了赵院士部分照片并对文稿提出了修改意见；成都飞机设计研究所原所长成志明、原党委书记李伟生、副总设计师曾庆林、所长助理张杰伟、党办秘书邓丽娜、党委宣传部彭文晶等同志高度重视，参加了回忆宋文骢院士座谈会，深情地回忆了宋院士生前许多感人的事迹并为我们提供了《宋文骢传》《宋文骢照片》等宝贵资料；四川大学高分子材料研究所给予了热情支持，提供了徐僖院士许多珍贵的照片；中科院、水利部成都山地灾害与环境研究所人事人才处给予了大力配合和热情支持，两次组织专人撰写修改崔鹏院士文稿；成都市青少年科技活动中心按照成都市科学技术协会党组的部署，给编撰工作予以大力支持；成都西南交大出版社有限公司在编辑出版工作上给予了全力支持。书中照片除署名之外，多数由院士本人、亲属或单位提供。在此，编写组一并表示衷心的感谢！

需要说明的是，编写《院士的故事》，我们主观上力求思想性、科学性、普及性、趣味性的统一，但鉴于编写组成员年纪已高，身体较弱，水平有限，而院士所从事的专业和成就又比较“高深”，要用通俗科普的语言予以表述，肯定存在许多不尽如人意的地方，欢迎青少年朋友们和广大读者提出意见，以便再版时修订。

《院士的故事》编写组

《院士的故事》第1集编写组（左起：王晓达、张志群、冯本超、谢正德、盛祖雄、何乃国）

《院士的故事》第2集编写组（左起：何乃国、董仁威、谢正德、张志群、申江捷）和西南交通大学出版社副编审孟秀芝合影